指文图书®

以最少的费用享受最棒的旅行！

舟舟和乔 慢游泰国30天

【韩】俞舟舟【韩】赵允熙 著　小舟挂席 幽问 译

中国长安出版社

版贸核渝字（2013）第 200 号

图书在版编目（CIP）数据

舟舟和乔慢游泰国 30 天 /（韩）俞舟舟，（韩）赵允熙著；小舟挂席，幽问译. -- 北京：中国长安出版社，2014.2
ISBN 978-7-5107-0700-1

Ⅰ. ①舟… Ⅱ. ①俞… ②赵… ③小… ④幽… Ⅲ. ①旅游指南－泰国 Ⅳ. ① K933.69

中国版本图书馆 CIP 数据核字 (2014) 第 036301 号

舟舟和乔慢游泰国 30 天
俞舟舟 赵允熙 著 **小舟挂席 幽问** 译

策划制作：指文图书®
出版：中国长安出版社
社址：北京市东城区北池子大街 14 号（100006）
网址：http://www.ccapress.com
邮箱：capress@163.com
发行：中国长安出版社
电话：（010）85099947 85099948
印刷：重庆市蜀之星包装彩印有限责任公司
开本：787mm×1092mm 16 开
印张：24.5
字数：200 千字
版本：2014 年 3 月第 1 版 2014 年 3 月第 1 次印刷

书号：ISBN 978-7-5107-0700-1
定价：69.80 元

舟舟和乔
慢游泰国30天

作者介绍

和闺蜜一起游泰国！她们是什么样的人呢？

俞舟舟

本名俞智仁。以下称“舟舟”，一位曾占据韩国网络搜索排行首位的四次元少女？时尚艺术人。
拥有艺术家的卓越想象力，以及不知下一秒会干出什么出格事的张扬魅力。在泰国之行中，可以见识其泼辣的性格。

职业：在凭借 SSAMZIE 和 PUCCA 形象而闻名的 VOOZ 株式会社从事艺术创作及艺术指导工作。
网址：www.ujuju.co.kr & http://blog.naver.com/wu_love

赵允熙

以下称“乔”，做过五年时尚杂志的 PR，是人脉广泛的赵科长。为了和脱线泼辣女俞舟舟一起游泰国，准备好了一切购物中心、美味餐厅、住所等信息的乔！
因喜爱摄影，她用随身携带的六部相机记录了泰国的每个角落。

职业：现在在曼哈顿经营着名为“纽约故事民宿”的客栈。
网址：http://www.cyworld.com/supafeel
推特：@supafeel

写在前面

关于舟舟和乔的故事

本书为脱线泼辣女舟舟和细心少女乔共同书写。各章的故事由舟舟和乔分别写成，舟舟写下的部分被标记为“舟舟的故事”，乔写下的部分被标记为“乔的故事”。

关于本书的地名

本书地名依据 2004 年 12 月 20 日发表的东南亚外来语标记法进行标记，并用英文拼写标示。

关于各家商店的标识

在“舟舟和乔推荐的店”这一栏中，各家商店上方的星星符号数量代表着舟舟和乔对该店的商品、价格、满意度等参考项的评分。

Contents

Part 2 派 · 102

Part 3 芭堤雅 · 154

Part 4 曼谷 · 212

TIP TOP FASHIONS

泰国地图

 和  共度的清迈日程

期限：7天6夜

- □ 投宿 Banilah 客栈，共进晚餐
- □ 入住 Gap's 客栈，造访柴迪朗寺
- □ 逛瓦洛洛市场、清迈夜市
- □ 在 Gap's 客栈完成厨艺课程
- □ 享受贴近自然的 Wawee Coffee
- □ 造访山地民族族村落、苗族村寨
- □ 浏览清迈市区最大的购物中心 Kad Suan Kaew
- □ 畅游瓦洛洛市场（花市）
- □ 在尼曼明路购物
- □ 去美景餐厅用餐
- □ 逛周日集市

Prologue

两名首尔少女，终于投入泰国的怀抱！

· 舟舟的故事 ·

Let's go toThiland→

*（山地民族是指生活在泰国北部山区的瑶、苗、傈僳、克伦、拉祜、阿卡等少数民族的合称。上述这六个民族，也被称为“泰北六族”。）

“我会离开韩国一个月。”

“什么？您这是要去哪？”

“泰国。”

“泰国？居然要去一个月？”

他们都瞪大了眼睛齐刷刷地看向我。“泰国有什么好玩的，居然要去一个月？”他们瞪着我时，脸上就写着这句话。

这就是他们不懂了。泰国是个多么秀丽的国家……满是热带鱼的蔚蓝大海自不必说，能在大海的怀抱中尽情嬉戏，参与各种海洋运动，又能品尝廉价又丰盛的海鲜；还能骑着大象穿行在北部绵延的群山之间，探访国家地理频道里见过的山地民族*的村庄和随处可见的寺院、僧侣；当然，亦能在市中心买啊、买啊，买不停！

岂止如此！在夜店里狂欢，享受迷人的夜景……在一个月的时间里四处暴走也不够啊，我只能羡慕那些能玩上三四个月的泰国迷们。所以，泰国能成为那些欧洲背包客们的热门旅游点。尽管我在几年之内游遍了英国、印度、日本、希腊、土耳其、中国等二十多个国家，却没寻找到比泰国更富魅力的国度。当假期再次到来，我展开地图呆呆地看了半天后，还是用手指“啪”地一下就点中了泰国！毫不犹豫地又一次选择了这个地方。

“哇～泰国，你等着，我来啦！”

怀着激动的心情坐上了飞机。

去年2月的隆冬时节，我就呆在泰国。当其他人在韩国裹着厚重的棉衣时，我正在泰国享受着日光浴，把我白皙的皮肤烤成古铜色，这点让一票朋友羡慕不已。一直以来，我总在冬季去泰国，但在夏天去还是第一次。

喋喋不休地自言自语，望着天空发呆，忽然间，我咧嘴笑了。“出发”这个词，果然就像一种永远能使人心情振奋的魔法。我的朋友乔今天就坐在我旁边，这令我倍感荣幸。多亏有这个和我一样爱玩的丫头充当旅伴，才让每次旅行都不会寂寞。每晚一起参加派对，夏天一起去滑水，冬天一起去滑雪……两个只在很偶尔的情况下会喝点小酒、闯些小祸的同岁性格派女生，在无论本地还是海外的数次疯狂旅行中，培养起坚实的友情，尽管有时也会唇枪舌剑地斗嘴、惹出麻烦。这次旅行我们也要玩个痛快！当然，更盼望旁边坐的不是乔，而是一位身高183cm的花美男男友……这时刚好对上乔的眼神。啊！吓死我了！

“没什么好玩的事可做吗？坐在飞机里好闷啊！”

“当然有好玩的啦！本人独创的让人将百无聊赖的飞行旅程抛到九霄云外的飞行游戏！”

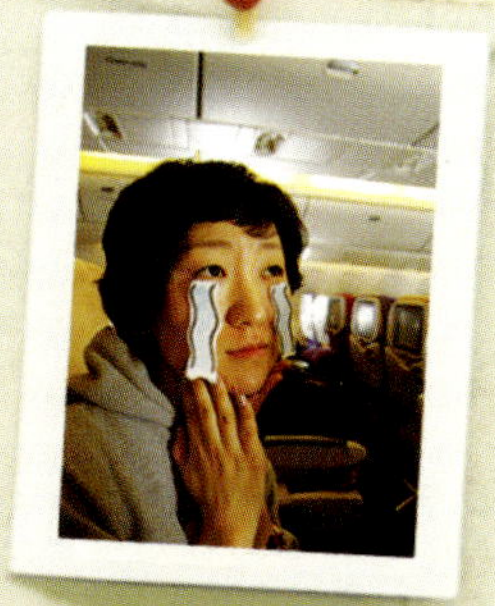

这是为乔准备的飞机表情游戏！

有个愿意陪我一起玩这种并不多高明的游戏的朋友，让旅途变得更带劲了。

表情游戏

如果长时间的飞行让您感到疲惫不堪，推荐您试一下这款表情变身游戏。只要有纸、签字笔、双面胶带，无论是在飞机里，还是在任何地方，它都可以助您实现不亚于 007 的变身愿望。

1. 用签字笔在纸上勾勒出图形的线条。

2. 如果有彩色铅笔，可以涂上颜色。

3. 用手把图形撕下来。

4. 撕开双面胶带，做一个 O 型的环，粘贴在图形的背面。

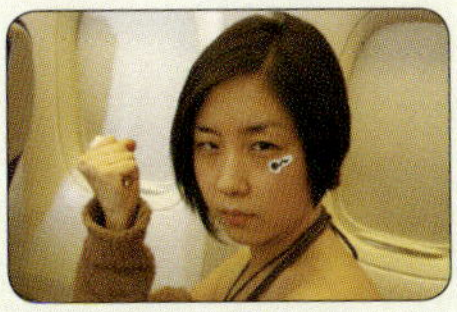

5. 贴在想贴的部位。

6. 好！让我们拍一张照片瞧瞧吧～

* 注意：你可能会成为周围人（如好奇心旺盛的外国人，想一起玩“蜡笔小新式”的小朋友，或是服务精神过于旺盛而进行不必要巡视的空姐们）的围观对象。

CHIANG MAI
MAP
เวลาที่คุณทำงานเสร็จปุ๊บเนี้ย คนที่ดูงานไม่ใช่คุณแล้ว เป็นคนอื่น

แต่สเก็ชบุ๊กเนี่ยผู้ชมคือคุณคนเดียว เพราะฉะนั้นคุณสามารถใส่ได้
เต็มที่ แล้วมันจะค่อยๆ กรองออกมา
กมล กฤปานันท์ แปล

Part 1

清迈

作为继曼谷之后的泰国第二大城市，清迈以其纯净无暇的绝美自然与相互渗透的固有文化，被誉为“北方玫瑰”。丰富的文化遗产、华丽的庆祝活动、精美的手工艺品、多样的旅行线路和临近地区山地民族多彩的生活场景等人文元素，都吸引着旅行者慕名而来。以保持着原始状态的国立公园为代表的众多山地和密林地区，也为旅行者带来了丰富的体验。

Let's go to Chiang Mai →→

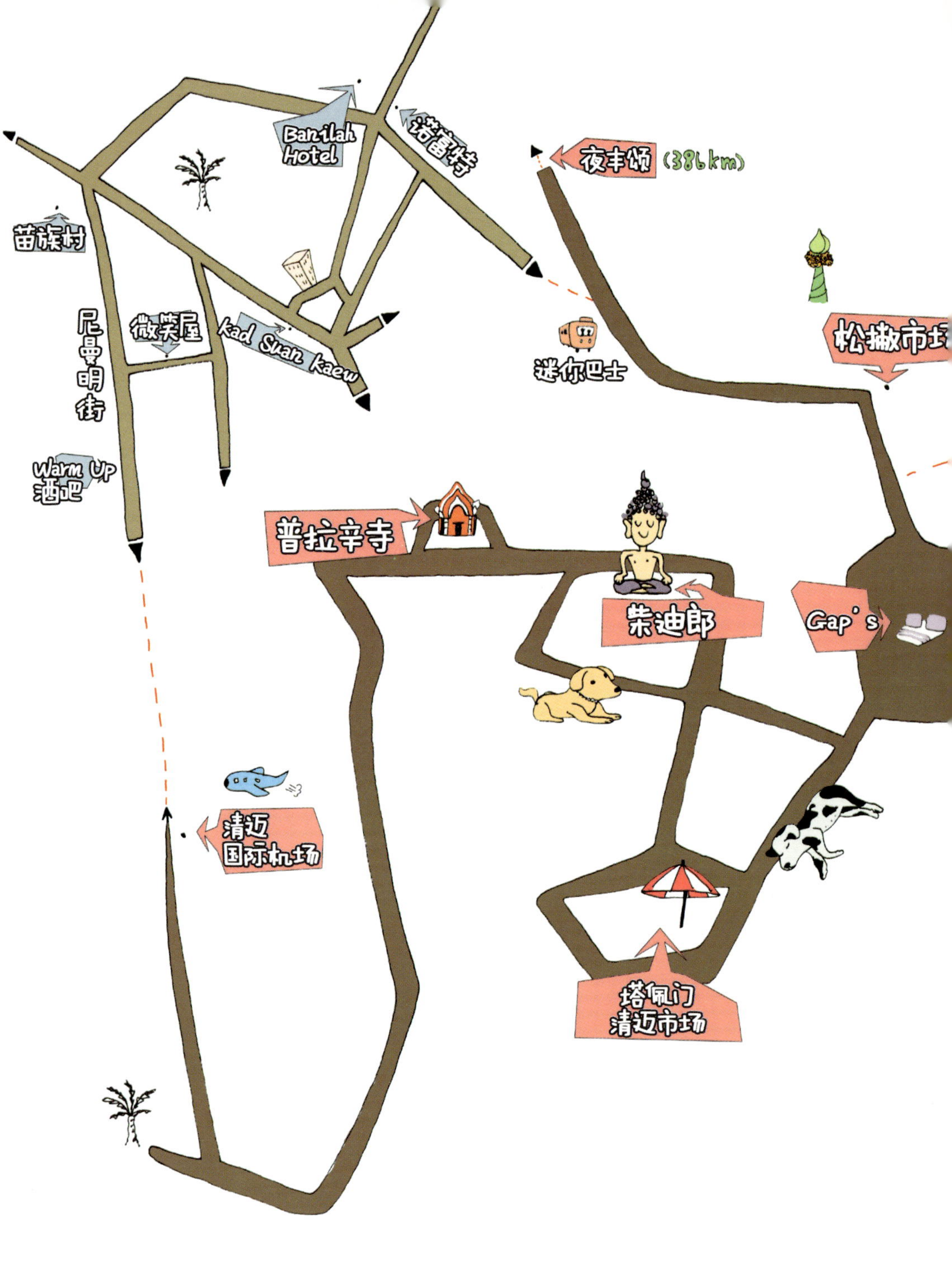

Banilah Hotel
诺富特
夜丰颂 (386km)
苗族村
尼曼明街
微笑屋
Kad Suan kaew
迷你巴士
松撒市场
Warm Up 酒吧
普拉辛寺
柴迪郎
Gap's
清迈国际机场
塔佩门 清迈市场

清迈地图

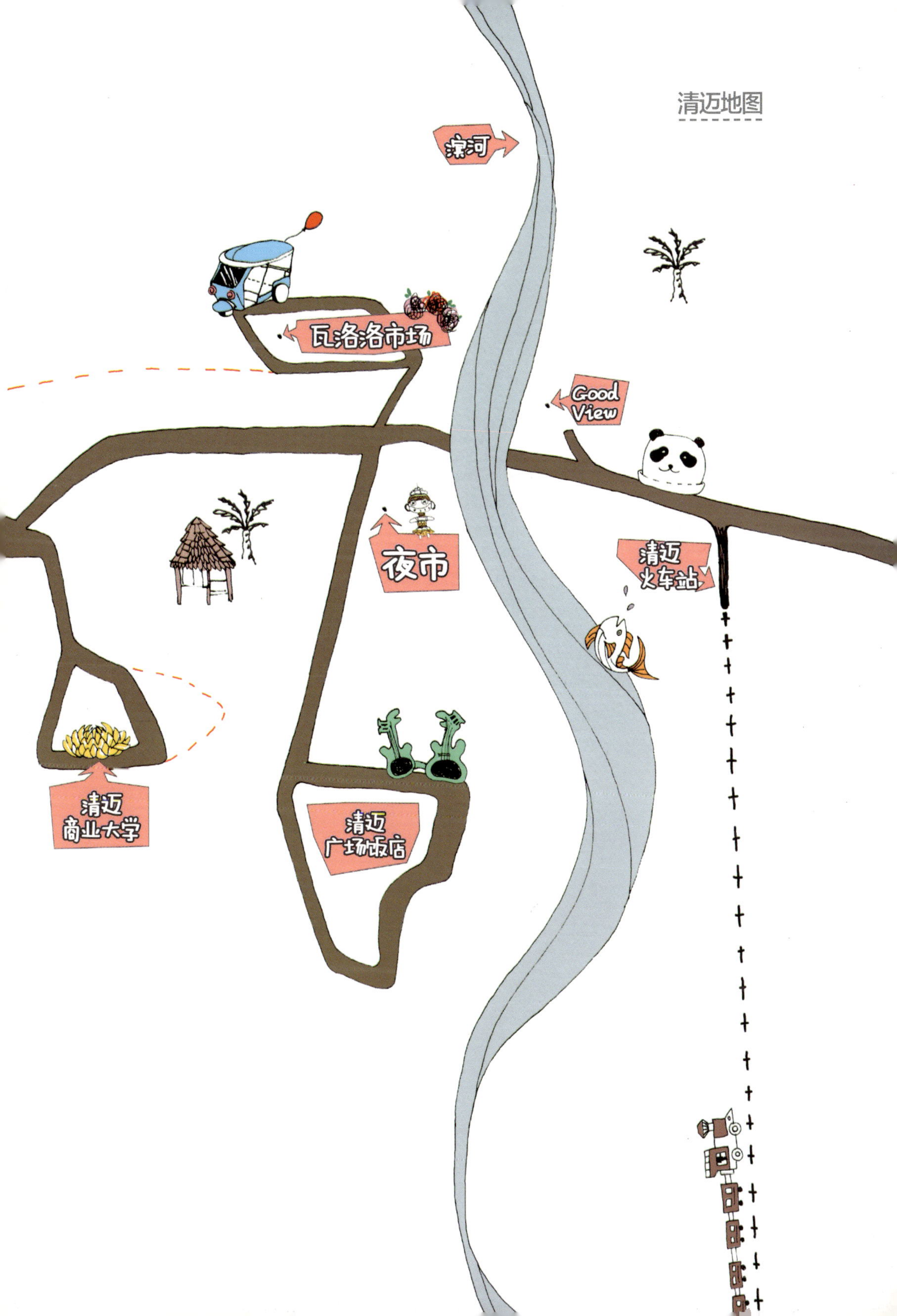

STARBUCKS COFFEE
AirAsia

WiFi

FOR RENT

30

1 Episode

Banilah 客栈里度过的特别夜晚！

·舟舟的故事·

Let's go to Chiang Mai

吃过清淡的飞机餐，再天南海北的聊一通，又玩了会儿表情游戏，不知不觉就到达了清迈机场。通过出国审查台后，我们来到了行李提取处等待取走我们的行李箱。

等了老半天，也不见行李出来，我嘟囔着瞅了瞅周围。和曼谷、普吉等地的机场相比，清迈机场的旅客中有不少头发花白的中老年人，尤其是从行李传送带上搬下高尔夫球杆袋的日本老太太、老先生。

“舟舟，等我们变成了老太太应该也会来清迈打高尔夫球吧？”

“嗯。嘿嘿！应该会一边斗嘴斗个你死我活，一边打赌谁会赢球吧。”

在我们瞪大眼睛寻找行李的空当，远远地，我看见自己的那只黄色旅行箱出现在了行李传送带上。啊！看起来，行李箱就跟旋转寿司店的鲑鱼寿司一个样。脑海中瞬间浮现出蜡笔小新跳上行李传送带玩旋转寿司游戏的情形，不觉间自己也有种想要跳上传送带的冲动。

“嗯～还是忍忍吧。今天可是旅行的第一天，别被人当成国际神经病给韩国人脸上抹黑……舟舟，Come down, come down.”

“呀！”

多亏乔一吼惊醒梦中人，我赶紧拿了行李往机场车站走去，这才发现计程车预约代理公司的招牌在机场大厅中随处可见……

听说泰国的计程车欺诈事件挺多的，在哪里坐车才安全呢？这让我犯愁了。只好拿出在韩国预订过的青年旅社的地图，在机场里东张西望。就算机场里的计程车代理公司大部分都安全，可有那么多家，也实在不知道选哪家才好。这种时候，我只好遵循“最大的就是最好的”这一并不怎么科学的原则，迈向了一家看上去挺大的代理公司。

“Banilah 客栈，Banilah 客栈！”

不知道是不是因为我的发音怪异，司机大叔和代理公司的职员姐姐都是一脸尴尬的表情。我在皱皱巴巴的纸上写出住处的名称和地址，这才让他们明白了。“活人不能让尿憋死”，真理在走出机场去搭乘计程车的瞬间得以被感悟。

“啊噢~！”热带地区特有的热乎乎、湿哒哒的空气带来了潮热的感觉，让我顿时像走进了桑拿房。“好久不见了，泰国！”我们把久别重逢的潮湿空气甩在脑后，乘着计程车朝清迈市中心飞奔而去。

一到 Banilah 客栈，职员姐姐就热情地迎接了我们。因为留宿的大多是女客，所以客栈的职员大部分也是女性。她一边请我们喝上一杯泰国传统的冰镇花草茶，一边详细地向我们介绍酒店的注意事项、入住和退房的时间以及周围的景点。

“Khop Khun ~”（谢谢）

她一边道谢一边把房间钥匙递过来，告诉我们房间在三楼。“什么？三楼？”连电梯都没有，行李怎么搬啊？！

“那个……我们的行李很重，不能住在低层吗？”

“所有房间都客满了，就只剩了这么一间。我们可以帮您搬行李。”真是亲切的职员姐姐啊……

Banilahd 独特的猫咪 Pop-up 名片

哎，旅行才刚开始，我们的行李就已经重得像即将踏上归途。

被塞得满满当当的箱子相当地沉，虽然有职员姐姐帮忙，两个人负责搬动一只箱子，可大概因为住在三楼的关系，我们还是累得气喘如牛，感觉腰都快断了。

“呼呼 ~Thank you. Thank you so much. 呼 ~”

箱子里塞满了各种化妆品、沐浴用品、卫生用品，电吹风机、卷发器，好几台照相机，旅行书籍和解闷用的散文集，以及各种行头……小礼服裙和比基尼当然也不能落下。这样一来，我们的箱子从第一天起就要被塞得爆开，可这些都是泰国旅途中的必备品啊！

抬着我们的巨型行李箱走进房间，发现这里比想象中干净许多。整洁的床铺和周围擦得锃亮的家具，堪比三星级酒店。我对事先调查并预订了 Banilah 客栈的乔表示了由衷的敬意，并开始一边在客栈附近溜达，一边搜索解决晚饭的地方。昏暗的夜色中，两名刚从首尔来的女子游荡在朴实的街道上。客栈职员说得没错——这附近找不到什么可以解决腹中空虚问题的餐厅。

“去 7-Eleven 便利店看看如何？”

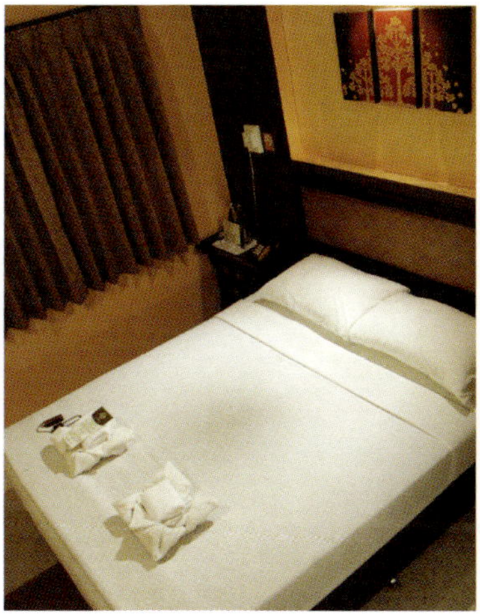

异乡的便利店对我而言跟旅游胜地没两样。外面裹着一层海苔且口味微咸的点心，味道让人联想起以前在国内吃到过的培根薯片；还有似乎含有胶原蛋白的猪皮饼干，它跟啤酒简直是天造地设的搭配；连啤酒的玻璃瓶看起来也是如此地可人……Long time no see！狮啤！象啤！*

在便利店买了饮料和一些可以被当做夜宵的零食后，我们便开始返回住处。在回去的路上，意外地发现了一家非同寻常的饭馆。店里连个招牌都没有，有几名当地人在里面吃饭。想看看他们卖些什么餐点，却菜单欠奉。饭馆门口的摊位前挂着一只只煮好的鸡，一位以匠人的敬业精神一刀刀仔细切着鸡肉的大叔，和一位把鸡肉跟米饭包在一起的女服务员——就这么两个人在做着生意。

“One please.”

“……？”

*（狮啤，Leo beer。象啤，Chang beer，泰语中“大象”的发音是“Chang”。狮啤、象啤都是泰国的啤酒品牌。）

这些食物看上去实在太美味了，我希望他们能卖给我一份。遗憾的是，他们听不懂英语，也绝无听懂韩语的可能。因此，我只能借助万国共同语——肢体语言，艰难地完成了点餐和结账。

“啊 ~ 吃顿饭好难啊！”

平安回到客栈后，我们迫不及待地打开食品包装。只见白白的米饭上摆着几块煮熟的鸡肉，搭配着一些酱料——这就是全部了，看起来总觉得少了点什么。我好奇地挖了一勺米饭，搭配着一块蘸了点酱料的鸡肉送进嘴里。就在开始咀嚼的瞬间，我全身的细胞忽然感受到了一种酥麻感！这比我在梨泰院*的高级泰式餐厅吃过的任何一种泰国料理都更美味。我和乔一起打开从便利店买来的啤酒，为之后能平安走完漫长的旅途而干杯。

希望之后的旅程也像我们找到的这份看似粗简却味道绝美的鸡肉饭一样，在享用的每个瞬间都充满了幸福和满足……

*（梨泰院位于汉城龙山区，是汉城市内最具异国风情的地方，云集着印度、泰国、巴基斯坦、墨西哥等世界各国的美味餐厅。）

Banilah Boutique & Unique

地址： 11 Soteseuksa Rd., Changphuek Muang ｜ **电话号码：** 053-223-683
网址： www.banilah.com ｜ **电邮：** info@banilah.com
预算： Single Room with fan:300B / Double Room with fan : 350B
Double Room with a/c : 500B / Twin Room with fan : 400B
Twin Room with a/c : 600B

ธรรมดา 20.-
พิเศษ 25.-
ข้าวมันไก่
ธรรมดา
พิเศษ

喵呜～这都
神马呀～喵

2 Episode

畅游柴迪朗寺和瓦洛洛市场

· 乔的故事 ·

Let's go to Chiang Mai

“旅行从今天正式开始啦！”带着一份爽朗的心情仰望天空，我们迎来了泰国旅行的第一个早晨。可这份激动的心情却被忽然从天而降的倾盆大雨浇了个透心凉。

“噢，上帝啊！今天可是我们旅行的第一天！”

望着天空愁眉不展的我，似乎引起了另一位房客的同情，这位细心的金发美女安慰到：

“别担心，我在这里住了五天了，只有早晚时分会下一阵子雨，很快就会停的，你稍稍等一下。”

“Oh, thank you, thank you.”

我开心得不停地向她道谢。

“呼～真是万幸！”

客栈的一楼经营着一间小巧又朴素的咖啡馆。在那里，我发现了五只四处玩耍的猫。猫咪们不知道有多爱撒娇耍赖，就在我在客栈里四下搜索它们的踪影时，外面不知何时放晴了，仿佛那场大雨从未来

TIP. 从 10 月中旬到次年 3 月是泰国的旱季，从 4 月到 10 月是泰国的雨季。和韩国的梅雨季不同，泰国的雨不会下一整天，通常都是持续 30 分钟左右的雷阵雨。因此无需担心。

过。女人的心就像芦苇般摇摆不定，泰国的天气也跟女人一样！

Banilah 客栈太火了，只能预订一天。我们只好不舍地带上所有行李，前往下一家客栈——Caps 客栈。清迈地方挺大，但客栈都集中在市中心一带，所以要搬去另一个落脚点并不费力气。

到达目的地后，我和舟舟惊奇地发现，我们的第一位迎接者竟然是一只博美犬！它好像事先知道我们要来，轻快地摇着尾巴热情地迎了上来。今天的日程很紧，我们只匆忙地整理了一下行李，就迈出了大门。

第一个目的地被安排在柴迪朗寺。

去年到过清迈却没进过寺院的我对泰国的寺院感到很好奇，而且这次我们只搜集了一堆游玩和购物方面的信息，并未准备泰国古迹的相关资料，如果今天错过了，之后恐怕就没机会游览寺院了。

柴迪朗寺太过著名，只需问问路过的游客，就算不看地图也很容易找到。刚进门，我们正好遇见一群排列整齐、着装整齐的女生从旅游大巴里下来，小时候去庆州修学旅行的记忆片段浮上心头。当时对历史没什么兴趣，只因能和同学们一起出去玩而感到兴奋。可不知从何时起，在去故宫、寺院这类古迹的时候，心灵会感到放松！看来我也老了吧。

刚进入口，辉煌灿烂的佛殿便映入眼帘。和韩国的寺庙不同，泰国的佛殿金灿灿地熠熠生辉，这份华美深深地吸引了我。

在佛殿四周转圈的童僧身穿泰国风格的橘红色僧服，行色匆匆却面带微笑，和韩国童僧的灰色僧袍所带来的氛围完全不同。橘红色僧袍带来的张扬活力映衬着童僧们粉嫩的面庞，让我产生了想掐一把他们的小脸蛋的冲动。

热得趴在地上睡大觉的小狗也是寺院里常见的风景。真是应了“狗贱命贵”这句话……随处可见的小狗们那趴着一动不动的慵懒模样，让人怀疑它们是否已经一命归西。寺院里设有很多标识着“Donation for Dogs”（流浪犬基金）的捐款箱，估计这些犬只都是被抛弃的。

时而沉浸在各种各样的思索中，时而又像能在地上捡到金子似的使劲盯着地上瞅……就这样绕着寺院兜了一圈后，肚子开始咕噜噜作响。于是，我们出发前往美食多多又物美价廉的瓦洛洛市场。舟舟和我都喜欢逛市场，在市场里可以窥见老百姓的日常生活，那是无需分文就能感受到的热腾腾的生活气息，不能不说这是件乐事。

刚走进市场，就看见一家门口土里土气地写着好大一个“SCHOOL”的礼品店，我们怎能错过？忘记了辘辘饥肠的我们刚想走进去一探究竟，却听见一段熟悉的旋律……“啊！这首歌是BigBang？！”虽然常听说BigBang在泰国很红，但真没想到能亲耳在泰国的礼品店里听到BigBang的歌。这感觉比听到国歌还自豪，呵呵！

不只歌曲很潮，这家文具店里还摆放着各种眼熟的日本卡通造型的礼品。在韩国买件日本礼品需要花费不少银子，在泰国却能以低廉的价格买到。

无需去日本就能轻松地买到精美的礼品，这让舟舟和我忘记了饥饿，全身心地投入到血拼之中。

搂着一大堆战利品迈出礼品店大门的瞬间，那感觉简直像个亿万富翁。

“啊 ~ 这里太棒了！”

“嗯！真是物美价廉……乔，我们现在去吃点东西吧。”

血拼完毕，暂时被抛在一边的饥饿感又重新来袭。为了安慰嗷嗷待哺的肚皮，我们干掉了一碗面条，才填饱了肚子。

“现在感觉活过来了。呼 ~ 我们正式开始买个够吧，怎么样？”

“好啊，好啊。可要去哪里买呢？”

“夜市如何？听说那里可是购物的圣地呢。”

“噢 ~ ！好期待哦！”

如果没来过夜市，就别说你来过清迈——这个市场就是这么牛掰。由于地处远离市区的郊外，这里的商品物价低廉，是个能毫无压力地购买纪念品的好去处。听人说来这里之前最好列好购物清单，于是我们打算在这里采购些带给熟人的礼物。

夕阳西下，阵阵清凉的晚风拂面而来，路边的小摊开始三三两两地现身。小贩们大声吆喝着招揽生意，好一派热闹的街景，他们喊着“昆版哇 ”（日语，意为“晚上好”）、“你好”跟我们问好，可我们对他们热情的招呼却毫无反应。为啥？因为我们是骄傲的韩国人，哈哈！眼皮儿活络的小贩开始叫道：“萨达，萨 ”（韩语，意为“便宜了，便宜啊”）、“恩尼，耶布达 ”（韩语，意为“姐姐真漂亮”），我们被他逗得“噗嗤”笑了出来。看来我们在友善的问好跟前还能保持硬气的做派，却在“便宜”和“漂亮”等词汇面前流露出了软弱？！

夜市这种地方无需看地图，只需跟其他游客一样，沿着自己感兴趣的店铺一路逛下去就好。夜晚的街道上亮起各色各样的灯，图案奇特有趣的 T 恤衫一次又一次地让我们舍不得迈开脚步。

让人忘记炎热之苦的清迈之夜，我们心情愉悦、口袋满满地回到了住处。洗完澡后，我们将今天买到的东西一字排开，并拍照留念，这令我们再次感受到了购物带来的满足。夜色流转，旅行的第一个夜晚就这样幸福地溜走了。

“嗡 ~ 嗡嗡嗡嗡 ~”

这天夜里，不知哪里传来了蚊子飞来飞去的声音。大概是太累了，我连挥手打发它们的力气也没有，就这样进入了梦乡。眼皮像灌了铅一样，本想在床上多赖一会的，无奈腿上痒得要命，令我忍不住使劲地挠啊挠的。第二天早上好不容易才睁开了眼。

“啊 ~ 啊！蚊子搂着我的腿狂啃了哇！”

不好意思叫醒睡得正香的舟舟，我一个人悄悄地去了药店。

“萨瓦迪卡！”（泰语，意为“你好”）

“May I help you?”

瓦洛洛市场 Talat Warorot

地址：92/2-3 Khuangmen Tumbol Changmoi Amphoe Mueang Chiang Mai
电话号码：053-2331-178，053-8740-171 | **营业时间：**5:00 AM~6:00 PM

夜市 Night Bazaar

地址： 104-1 Chang Klan Rd. | **电话号码：** 053-235-575 | **营业时间：** 12:00 AM~11:00 PM

“嗯 ~ 嗯 ~Mosquito（英语，意为“蚊子”）……”

唉 ~ 凭我有限的英文水平，想说出完整的句子都难。

早知道就叫醒舟舟，跟着她来……

“After or Before?”

“After and Before, please.”

Before

因为搞不清“After”和“Before”有什么差别，就两种都买了。后来发现所谓的“Before”就是一瓶迷你容量的强生驱蚊型婴儿爽肤水，而“After”是散发着花香的润肤露，这让我联想起韩国生产的一种薄荷香的药膏。大概因为泰国是个热带国家，所以治疗蚊虫叮咬的药品种类挺多的。旅行的时候，别跟我一样被迫为蚊子献血，一定要记得去药店或便利店里买防蚊药哦。啊！从家里带防蚊药过来，当然也是不错的选择。

总之，别忘了哦——防蚊药！

After

3 Episode

烹饪学校里学到的泰国料理

·舟舟的故事·

Let's go to Chiang Mai

一大早，我们的手机就响了。

“喂？”

啊！是闹钟！昨天逛得太累了，躺在床上的我满脑子都是“再多睡一会儿吧”，可今天是去烹饪学校上课的日子。

“乔，快起来！该去学校了。”

我们一个翻身爬了起来，慌慌张张地冲进卫生间。按照之前的约定，学校的车上午 10 点会来客栈接我们。现在已经 9 点 20 分了，我们要在这段时间里洗漱、打扮完毕，还要吃早餐，时间实在太紧了。于是，我们胡乱地擦了把脸，再随手拽了件衣服穿上，然后匆匆跑去客栈的餐厅。我这人吧，不管时间再紧，早餐一定要吃……

“Good morning~”

客栈的阿姨和其他游客笑容可掬地迎接我们。看到他人时面带灿烂的微笑，果然是一种风度。用吐司、煎蛋凑合了一顿后，我们向接待我们的烹饪老师——一位面相厚道的阿姨和一位大腹便便、皮肤黝黑的大叔问了好。大概因为不是旺季，学校只有我们两名学生，这可是个能得到老师贴身指导的绝好机会。Lucky~！

“好！烹饪美味料理的基础是收集新鲜的食材。在开始做料理前，我们先去市场学习挑选食材的方法吧。”

坐着烹饪学校的小面包车，我们和老师一起来到了一座传统集市，这里可是观光地图和旅游手册里找不到的地方。从辣椒、大葱、生姜、西瓜、白菜、南瓜等这些在韩国也很常见的农产品，到榴莲、荔枝、山竹等热带水果及各种从未见过的稀奇蔬菜，再到油炸鸡头、油炸昆虫这类在我眼中极不讨喜的食物，这处传统集市还真是无所不包、无所不有。

“为了能挑选到最新鲜的食材，你们需要先观察食材的颜色，再从触感上判断它们的成熟程度，还要闻一闻它们的气味。”

“啊～嘶嘶，嘶嘶。新鲜蔬菜的味道好清新。”

“啊！山竹！”

“山竹应选硬度适中的，太软或太硬的都不好。色泽深紫且没有淤痕的山竹最新鲜，流黄水的那种也不太好，此外还应确认山竹的果蒂是否附着牢靠。山竹很甜，总是招蚂蚁。别害怕，用水冲洗一下就能吃了。”

好久不见，山竹！此刻那种属于收获的喜悦心情一如被山竹塞得满满的袋子。吼吼！尽管山竹不在烹饪学校列出的采购清单中，可能在市场里用很便宜的价格买到新鲜的山竹，还是令我幸福极了。

“现在我们就回去做料理吧。”

昨天还是晴天，今天上午却一直大雨倾盆。返回烹饪学校的路上，望着车窗外倾泻而下的雨帘，心里感到一阵痛快。

“真走运，在参加室内活动的时候下雨。要是昨天下雨呢？想都不敢想。”

“嗯，好雨知时节嘛 ~”

舟舟和乔感叹着自己的幸运，也从这件事上找到了安慰——就连泰国的天气也在祝福我们呢！不知何时，她们来到了一家酒店的厨房，这里既是酒店制作西餐的地方，又是烹饪学校的教学点。

“汪汪！”

"……？"

眨眼间涌进一群狗，四五只大型犬将乔团团围住。狗狗还真爱成群结队啊！虽然早就听说泰国人喜欢狗，可在厨房养这么多，还是令我感到有点惊讶。在我们学做料理的时候，这些家伙一直在周围晃悠或者趴在料理台下睡大觉。"你们别得意！要是在韩国，你们做梦都别想！"怀着激动的心情，我穿上围裙，系好头巾，开始在老师的指导下做起菜来。

菱角这种食材让我感到有些生疏。黄黄的外观像是剥了皮的栗子，却又湿漉漉的，有点像韩国的水栗子。大概因为我瞪大眼睛盯了它们半天，老师决定让我来尝尝它们的味道。我好奇地拿起一个放入嘴里，发现它们没有栗子特有的香味，却口感爽脆，嚼起来像某种坚硬的水果。泰国料理喜欢加入腰果、花生之类的坚果，吃起来又香又脆。吃炒面时撒上一大把花生碎，花生的香味在口中蔓延的同时，还能享受到嚼得"嘎嘣嘎嘣"的脆感！这是我喜欢泰国料理的原因之一。

我们的烹饪课从上午10点开始，直到下午4点才结束。品尝完上午做的菜品之后，我们又继续开始学习。在这漫长的六小时里，我们竟然学会了八种具有泰国地方特色的料理。等回到韩国，我一定要把今天学到的美味做给父母和朋友品尝。

腰果炒鸡肉

1、在预热好的平底锅中加入适量的油，并将干辣椒放入翻炒，直至其颜色变为褐色。

2、放入干蒜和鸡肉，然后加入洋葱、酱油、耗油和白糖，继续炒。

3、在适度煸炒后，转小火。放入腰果、小葱和菱角（水栗子）调味即可。

嗯～又香又甜的味道啊！

泰国国内的烹饪学校

地区	名称	电话号码	官方地址
清迈	清迈泰式烹饪学校 ChiangmaiThai CookerySchool	053) 206-388 053) 208-287	
	四季酒店泰式烹饪学校 Fourseasons Hotel Thai Cooking School	053) 298-181	www.fourseasons.com
	泰多烹饪学校 A lotof Thai Cooking School		www.alotofthai.com
曼谷	ABC 料理教室 ABC Cooking Studio	02) 254-7266~7	www.abccookingstudio.com
	华文东方酒店泰式烹饪学校 MandarinOrientalHotelThaiCooking School	02) 659-9000	www.mandarinoriental.com
	百派烹饪学校 Baipai Cooking School	02) 294-9029	www.baipai.com
	蓝象 Bule Elephant	02) 673-9353	www.buleelephant.com/school/
苏梅岛	苏梅岛泰式烹饪学校	077) 413-172	www.sitca.net
甲米	甲米泰式烹饪学校 krabi Thai Cooking School	075) 695-133	www.thaicookeryschool.com
普吉	PUM 烹饪教室 PUM Cooking Class	076) 346-269	www.pumthaifoodchain.com
	船屋 Boat House	076) 330-015~7	www.phuket.com/boathouse (只有周末营业)
	帕氏家庭泰式烹饪教室 Pat's Home Thai Cooking Class	076) 213-765 081) 538-8276	www.phutket.com/thai-cooking

Gap's 客栈 Gap's Guest House

在泰国北部经营烹饪教室和观光服务的家庭式中档客栈。散发着植物气味的庭院里摆放着古玩，氛围闲适。店里可提供简单的早餐，配有可上网的电脑，还可使用无线网络。

地址： 3 Thanon Ratchadamnoen Soi 4 | **电话号码：** 053-278-140
网址： www.gaps-house.com

好干净哦~!

Warning
MONEY

GAP'S HOUSE
TERM OF PAYMENT :
CASH ONLY PAY AT THE END
AI L PRICES ARE FIXED
CHECK OUT TIME BFFORE 12.00 (NOON)
LATE CHECK OUT : BEFORE 17.00 Pm. ½ PRICES
: AFTER 17.00 Pm. FULL PRICE
COMPLEMENTARY BREAKFAST
(From 08.00 am.-11.00 am.)
1. 2 EGGES ANY STYLE
2. 2 TOASTS
3. BUTTER & JAM
4. FRESH PINEAPPLE
5. COFFEE OR TEA
NO VISITOR ALLOWED IN THE ROOM AFTER 20.00 Pm.

Episode 4

亲近自然的 Wawee Coffee

· 舟舟的故事 ·

Let's go to Chiang Mai

在烹饪学校学做料理，一天的时光就这样溜走。

却又不甘心就这样回到住处。

“乔，我们喝杯咖啡再回去吧？”

“好啊～！”

Wawee Coffee 是我一直想光顾的咖啡店。如果说星巴克是令美国人感到自豪的连锁咖啡品牌，对应到泰国，就非 Wawee 莫属了。当我们走入店门时，那里已经有许多人在一边品尝咖啡一边享受着清迈悠闲的午后时光。

“顾客都是欧洲人啊！”除了店员和我们，座位上都是欧洲游客。香甜的咖啡一入口，一整天的疲劳都烟消云散了。正跟乔嚷嚷着“平时要做一两个月的料理，在今天一口气做完了”，一位阿姨模样的欧洲游客走过来和我们搭话。

“不好意思，请问您的足部美容是在哪里做的？您看我的脚简直糟糕透了。”

“啊～这是在来泰国之前做的……我倒是看见城墙外面有一家美甲店，不知道那里做得好不好。”

“好的，谢谢！”

旅行中也不忘保持足尖的美丽，真是位爱美的欧洲阿姨。

“那个……对不起，我能拍张照片吗？您这身打扮太美了。”

乔好像很中意这位欧洲阿姨的衣着，想拍下来。幸运的是，这位阿姨很爽快地摆起了 Pose。

“乔，你喜欢这种范儿啊？”

“嗯！欧洲游客的打扮看着舒适又漂亮，我也想这样穿。”

来泰国旅游的大部分欧洲人都穿着一件宽松的T恤或背心，外加一条渔夫大叔穿的那种阔腿裤或者束脚裤，然后脚蹬一双凉鞋或凉拖到处走，背上那只几乎与自己一般高的背包是他们的必需品。泰国的街头巷尾随处可见这样在衣着上恰当地保持了美观性和舒适度的身影，乔被这种风格迷住了。

“乔啊，你得想想我们穿成那样会变成什么样？估计跟汗蒸房的客人或者庙里的尼姑一样吧。”

“哈哈哈，有那可能！”

“想把那种范儿驾驭好，得重新投胎托生成大个儿、金发的欧洲人。在那之前，我们估计会变成土屋里的大妈。”

抛开比我高大的乔不说，手短、脚短又肚圆的我想用小学生般的身材去消化这种打扮，实在太难了。

“嗯……我们明天去哪儿呢？”

“培山怎么样？上次来的时候，我们不是没去吗？”

翻杂志的时候，我们无意中看见了培山苗族村寨的照片。大概因为这里的客人大部分都是游客，咖啡店里摆放着许多内容与泰国旅游有关的杂志。在泰国，从景点附近的酒店大厅到咖啡店、餐厅、按摩店，许多地方都配有供游客阅读的旅行杂志。

“噢，瞧瞧这些照片，真漂亮。杂志上说这里是山地民族的寨子，这地方挺新鲜的嘛。”

从未见过泰国山地民族的村落和居民。不知为何，总觉得明天会有一种全新的体验在等着我。

Wawee Coffee

爱好品尝咖啡的朋友一定要光顾泰国的这家专业咖啡店——Wawee Coffee。店名来自在泰国政府的扶持下，种植咖啡豆的山地民族村落。这家店在进行着名为“Wawee 森林计划”的地球拯救运动。身为良心企业的 Wawee Coffee，其咖啡味道也是相当出众的。

地址： 183/2 Moo.6 T.Faham, A.Muang
电话号码： 053-014-111 | **网址：** www.wawee.co.th

5
Episode

探访神秘的培山苗族村落

· 乔的故事 ·

Let's go to Chiang Mai.

昨天在咖啡店里翻到的旅行杂志，让我们决定去培山一探究竟。

听说这座高山族村寨位于清迈最高山——培山的半山腰。虽然搭乘旅行社安排的巴士或从清迈大学乘坐小篷车都可以到达培山，但大部分人都会选择跟小篷车讨价还价后包车前往。当然再多出点车钱的话，培山、素贴山和蒲屏行宫都可以逛到，但因下午还安排了购物，我们决定只去培山。在和小篷车谈好价钱之后，我们就乘车出发了。

当小篷车爬上半山腰的时候，车厢开始像游乐场里的游乐机一样上下左右地颠簸起来。越往山里去，雾气就越浓。寂静的山路和森林中弥漫的神秘雾霭把这里装扮得分外奇妙和美丽。

“啊~培山！你的魅力从这里就开始展现了！”

终于到达目的地了，四下里只闻鸟鸣，显得静谧而平和。一想到能够见识到山地民族独特的民风民俗，我们就心潮澎湃，胶卷和相机装了满满一口袋。

“开始拍吧？”

我们下定决心走进了入口。“呃！这是怎么回事？”从入口开始，各色商店一字排开了阵势。想要参观苗族人居住的院子，游客需支付10泰铢。我们原本期待的是一座宁静、神秘且淳朴的山地民族村落，可这种贩售商品、收取门票的商业化形态着实令人失望。既然来了，还是要好好逛逛吧。舟舟和我安抚着有些苦涩的心情，开始参观村子。

商铺一家挨一家，很难想象这是座保留着古老传统的村寨，我们见到绘有缤纷图案的纪念品在亮闪闪地冲我们招手。这里的商店多出售山地民族的传统服装、土特产及各种各样的民族饰品。参观的时候，我们时不时地能看到笑容灿烂的孩子、宁静的茅屋，还有别处看不到的苗族人制作商品的情景，他们手里的每件物品看起来都是那么的别致。正在我犹豫着要不要买些什么的当口，一朵不知名的漂亮黄花映入了眼帘。“Nice~要的就是这种效果！在这里拍照，一定会拍得很漂亮~！”带着这种念头，我让舟舟站到不知名的漂亮花朵前。

“舟舟，望着天空，来个有气质的姿势吧。”

“这样吗？会不会像个疯婆子？”

“不会不会，挺美的！再来个性感的Pose！再性感点嘛。”

我开始对舟舟各种指手画脚。一会儿让她把喇叭花模样的黄色花朵叼在嘴里，一会儿又让她把它戴在耳畔，就跟玩洋娃娃（这可是真人洋娃娃舟舟哦？！）似的。我开心地玩着，简直不亦乐乎，而我们的培山之旅也在这样愉悦的拍照活动中落下了帷幕。

6 Episode

Kad Suan Kaew里的清迈购物记

· 乔的故事 ·

Let's go to Chiang Mai

充满期待的培山之旅令我们失望而归。在迅速地结束观光后，我们出发前往清迈市区最大的购物中心——Kad Suan Kaew，继续我们所热爱的购物活动。

原本以为清迈是座大城市，购物中心一定也很气派，所以在见到这座褐色外墙的建筑物时，乔和我惊掉了下巴——这座购物中心的门外，居然有着一大片热闹的传统集市。

“乔，这里真是购物中心吗？”

“嗯，没错。这里就是清迈最大的购物中心！”

“可前面集市一样的氛围又是怎么回事～？”

“夹在星巴克和购物中心之间的那些商贩，不会违法吗？”

“乔！看那边～那片灰色的烟是什么情况，是在烤鱼吗？”

“老天爷！”这种微妙的氛围就像豆瓣酱搭配奶油意粉的组合，令我们困惑不已。我们放弃了前往集市体验陌生氛围和新奇之处的念头，大步迈入购物中心。幸好里面和外面的光景完全不同，林立的品牌卖场让我们两眼放光。

就算来清迈是为了感受大自然和体验泰国人的真实生活，可潮服

酷鞋对女人们来说，还是有着致命的诱惑。

到处都贴着打折的广告，似乎在冲我们喊：“快来吧～朋友！”在某家摆满了令我心动的宝贝的鞋店里，我发现了一款今年流行的鞋帮高至脚踝的凉鞋，它跟来泰国旅行前我在 ZARA 卖场里见到的让我口水流了一地的那双款式极为相似。在韩国要卖六七万韩元的凉鞋，在这里连 4000 韩元都不到。我一边叫着“太走运了”，一边冲去买了双适合自己的蓝色凉鞋，还另买了一双紫色同款作为带给妹妹的礼物。两双凉鞋才 8000 韩元，真想每种颜色都买一双，可想到来泰国才三天而已，只好忍了——还有好多漂亮的宝贝（鞋子）在等着我呢。正逛得眼花缭乱的时候，忽然发现了令人欣喜的朋友——可爱的墨镜！

今天我们又满载自己心爱的宝贝回到了住处。

Kat Suan Kaew

地址： 99/4 Thanon Huay Kaew | **电话号码：** 053-224-444
营业时间： 10:00 AM~10:00 PM

7 Episode

传统集市的购物之乐——瓦洛洛市场

·舟舟的故事·

Let's go to Chiang Mai

打算前往瓦洛洛市场的我们，拦住一辆路过的小篷车开始讨价还价。当地人乘坐只要不到 20 泰铢，司机竟然要收我们 100 泰铢！宰客也宰得太狠了吧？！清迈不比曼谷，这里没有地铁，出行基本上都会选择搭乘红色车厢的小篷车。站在马路中间像拦计程车一样挥挥手，就会有小篷车停下来；告诉司机目的地，并和他商量好价钱后，游客就可以上车；到达目的地时，游客只需按下停车铃，如果没有停车铃就“咚咚”地敲几下车厢，小篷车就停下来了——这就是外国游客搭乘泰国小篷车的要领。其实小篷车跟短途循环小巴差不多，总在同样的线路上循环往返，所以当地人都是随意在某处上车，在自己想去的地方下车，再视距离的远近支付 10 到 20 泰铢。对当地道路情况不熟悉的游客，只能像搭乘计程车一样被司机牵着鼻子走，有的司机会利用游客的这一弱点狮子大开口。

“在泰国，不管是买东西还是坐车，都要砍价才行啊。”

泰国是个让还没出嫁的大姑娘用已婚大妈的精神状态武装起自己的国度。无论是买衣服、买水果还是出行，针对游客的宰客行为总是层出不穷，所以游客们只要在这里住上几天，就会在不知不觉中变身为连买一包豆芽菜都要杀价的大妈。这种时候，与其和对方脸红脖子粗地争执，不如边开玩笑边商量价钱，这种方式对双方都好。

“嗯～闻闻这香味～！”

瓦洛洛市场的一侧是花市。这里有娇艳的红玫瑰、浓香的茉莉、花型饱满的上品莲花、百合和兰花，还有许多叫不出名字的稀有花卉。一些在韩国经常见到的和一些拿不准叫什么的花也摆满在这里，整座市场弥漫着浓郁的花香。

“他们的插花做得真别致啊！”

“啊～那个是献给神灵的插花。”

或许因为他们每天都会虔诚地为自己信仰的神灵奉上鲜花，花市的生意很是红火。在泰国的家庭和商铺里，娃娃屋模样的小型神殿随处可见。泰国人会在小神殿前摆放食物和鲜花，用来供奉自己所信仰的神明。初见时，我心想：“为什么每家每户都弄个娃娃屋来玩过家

ERY DAY
new start

家呢？”过了好一阵子才明白是怎么回事。从那之后，我便开始留意各家供奉的神殿有什么不同。贡品通常有花、食物和水，甚至还有插好吸管的饮料，这样形形色色的供奉方式让我觉得既陌生又有趣。

“还有茉莉花和小玫瑰串成的花环呢。”

“嗯，普……普昂玛拉易？好像叫这个名字。”

“我看到很多计程车把这种花环挂在倒车镜上，很多祠堂里也供奉着这种花环。”

“到处都有卖普昂玛拉易的啊！”

沉醉在茉莉淡雅的香气里，我们在花市一带流连了很久。

贴士

嘟嘟车

1

泰国当地具有代表性的交通工具，是用摩托车改造的三轮车。除在上车前需告诉司机目的地外，还需和司机砍价。司机对游客的要价可能会高于当地人，所以事先和司机商量价格非常必要。

小篷车

2

这是一种在卡车货厢基础上加装了顶棚和座位的巴士。大部分小篷车会在固定线路上循环运营，当地人只需支付 10 泰铢即可乘坐，外国乘客则需支付 20 泰铢。如果了解当地的地理状况和小篷车的行驶路线，乘坐小篷车会非常便利。此外，还能像包租计程车一样包下小篷车，起步价在 100 泰铢左右，也可以像搭乘嘟嘟车那样，视路途远近向司机还价。

摩的

3

摩的迅捷方便，是公共交通工具中最便宜的一种。短途 10 泰铢起价，乘坐时间如达到二十多分钟，费用大约为 40 泰铢。在没有计程车的芭堤雅，摩的车费要贵很多。大部分摩的司机在营业时身穿马甲，马甲相当于他们的身份证。所以，如果遇到没穿马甲的司机，还是不要坐他的车为好。另外，乘客如果不戴头盔，会被罚款，所以乘坐时务必戴上司机给你的头盔。当然，乘坐摩托车还是有一定危险系数的。

巴士

4

泰国的巴士有三种，即空调巴士、被称为“洛美”的市内巴士和被称为“洛杜”的另一种巴士。外观呈橘黄色或蓝色的空调巴士因安装了空调和密封玻璃窗，舒适度较高。其他巴士均未安装空调，因为太热，它们大多会开着窗户，甚至在行驶途中敞开车门。每种巴士的起步价不尽相同，票价也会根据行驶里程的长短而高低不等。巴士车身上的价目表用泰语书写而成，对初来乍到的游客来说，辨识会比较困难。每辆巴士都有售票员售卖纸质车票，在乘车过程中，一定要注意保管手中的车票，因为检票员经常会中途查票。

计程车

5

和搭乘韩国的普通计程车一样，只需告诉司机目的地，司机在按下里程表后，就会把你带到你想去的地方。有些司机在搭载游客时会为了索要高价而拒绝打表，这点需要特别留意。在起步价方面，曼谷为 35 泰铢，普吉为 50 泰铢。泰国的计程车实行距离时间合算制，每单位加收 2 泰铢。

地铁

6

和韩国复杂的地铁线路不同，泰国地铁只有一趟，且环境清洁，治安有保障，很适宜女性游客乘坐。运行时间为 6 点至 24 点。

轻轨（BTS）

7

是行驶在地面的高速列车。在堵车严重的曼谷，乘坐轻轨可以节省不少时间。加之其乘坐便利、环境清洁，极受游客欢迎。和泰国的物价相比，轻轨的票价并不算贵，起步价为每区间 10 泰铢，每增加一区间加收 5 泰铢。可投币的触摸屏式售票机上有英文指示，使用起来非常方便。

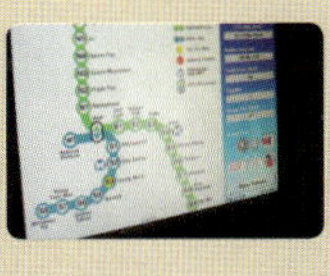

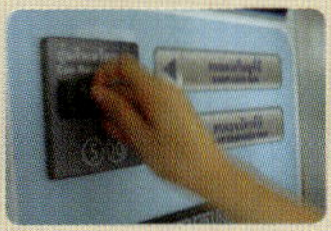

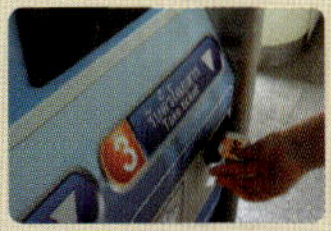

水上巴士（拉度恩）

8

离开了拥挤的道路，可以去乘坐在河面上悠闲游弋的游艇。搭乘方法和巴士相同，插在艇上的旗帜写明了费用、停船码头和运行时间。游艇不仅价格便宜，还能享受观光的乐趣，因此很受背包客的欢迎。只是河水并不干净，可能会失望而归哦。

8
Episode

清迈年轻人的街道——尼曼明路

· 舟舟的故事 ·

Let's go to Chiang Mai.

*(明洞位于韩国首都首尔中区，是韩国具有代表性的购物街。)
*(Kraze 是一家专门经营汉堡的连锁餐厅，韩国国内高级汉堡市场的开拓者。)

“我们走了太久了吧 ~~ 你不饿吗？”

“去尼曼明路用餐怎样？”

“听说清迈较富裕的人都会去尼曼明路购物呢。”

“噢 ~ 我们也去血拼一下咯……”

一拍即合，两人朝尼曼明路走去。

“乔，这里怎么空荡荡的啊？”

是因为阳光太耀眼了吗？尼曼明路在大白天看起来也太冷清了吧。虽说明洞*白天和夜晚的景象也存在着巨大的差别，可这里毕竟是旅客聚集的清迈，怎么会这样清静呢……

“舟舟，我们先吃点东西再逛吧。Mike’s Burger？那可是许多来过泰国的博主推荐的店呢，被誉为清迈的‘Kraze*’！”

被厚实的肉饼和新鲜的蔬菜塞满的汉堡，以及口感香脆的洋葱圈，还有看上去就很实惠的炸薯条——物美价廉的Mike’s Burger是方便游客简单解决午餐的好地方。

“口感像是介于快餐汉堡和手工汉堡之间？舟舟，挺好吃的。”

“嗯，瞧我肚子圆鼓鼓的，跟十月怀胎没两样。赶快去买东西，顺便做运动吧。”

“一边购物一边散步？太棒了，Go Go Go~！”

Mike’s Burger（Nimmanbaemin Rd.）

营业时间：10:30 AM~11:30 PM | **套餐预算：**105~170 泰铢

尼曼明路不算繁华，但街头巷尾遍布着各种琳琅满目的小店。在四处穿行的游客眼中，街道依旧别有韵味。从山地民族华丽的民族服饰，到现代感极强的流行时装，各种风情的装束在这里都可以用便宜的价格买下，这令乔和我乐得合不拢嘴。在数量众多的服装店间进进出出的空隙，终于有个地方令我停下了脚步。

“乔！等等！我们去这间书店看看吧。”

书籍是精神的食粮。摆满了书籍的书店，对我而言，就像一座宝库。尽管自己喜欢的是画册和小说，不喜欢阅读那些又厚又难懂的经济和社科类书籍，但我仍乐观地认为，哪怕只是拥有它们，也会令我产生有所裨益的感觉。所以偶尔（只是偶尔哦），我也会选购一些这类书籍。在像泰国、印度这种游客多又广泛使用英语的国家，能够轻松地买到物美价廉的二手英文书。在市中心的大型书店里，还可以用低廉的价格买到在韩国价格很贵的设计类图书和画册。尤其是在打折区淘到心仪的书时，那心情简直堪比渔夫钓到了一尺多长的大鱼！

尼曼明路的一角，有家连英文招牌都没有的小书店。书店门口装饰着盆栽和大树，不容易被发现，却散发着一种莫名的魅力。店铺里堆满了泰国青年艺术家们制作的图书和明信片、笔记本之类的艺术品，带给我小小的愉悦。书店狭小的空间被充分利用了起来，到处布置着精巧的装饰品，使书店本身就值得一观。二楼分成两个区域，分别是作家的工作室和乐队的练习室，还有为顾客准备的咖啡座。三楼是间淡雅的客栈，因为客房里有客人，所以没能进房间去看看。在看过经理姐姐提供的房间照片后，觉得这里是个精致的地方，下次来清迈一定首选这里落脚，今天只好带着遗憾离开了。天色已近黄昏，刚吃下去的大个头汉堡这会在肚中已不见踪影。

หนังสือเครือ
ASIA BOOKS

兰老书店 Ranlaobook shop (Nimmanhaemin Rd.)

电话号码：053-214-888 | **网址：**http://totell. exteen.com

9

Episode

美景餐厅和周日集市

·舟舟的故事·

Let's go to Chiang Mai

“舟舟，你不饿吗？”

“原来你也饿了啊。我从刚才开始就进入饥饿状态了。去美景餐厅怎么样？”

“啊！我超想去那里！无论是观光手册、泰式料理书，还是博客，对它都是一片溢美之词呢。噢~我们快走吧。”

坐落于湄平河畔的美景餐厅，一如传说中的气派。餐舍沿河而设，食客们完全沉浸在午后斜阳照拂和河水潺潺的景象之中，为享用美食的过程增添了一分韵味。我们到达时，才下午五点钟，离晚上的用餐时间还早，所以很容易就找到了临河的位子。

“听说一到晚餐时间这里就人满为患，想要坐到好位子还需要预订呢。不愧是著名餐厅，顾客盈门都是有原因的啊。”

也许是因为这家餐厅的名头如雷贯耳，让我们对它的期待膨胀了起来。

“啊！一定很好吃！”

不一会，菠萝炒饭和四只大虾被端上了桌，我们这两只饥饿的鬣狗逮着面前的晚餐狼吞虎咽了起来。盘子里的食物越来越少，我们的肚子却越来越饱实。

“这里的氛围好棒哦，以后有了男友，一定要和他一起来。”

“嗯，味道也不赖。”

“啊，今天星期几了？”

“星期天。星期天？周日？周日集市？！”

在清迈，每到星期天周日集市都会开张。游玩数日之后，竟然对日期、星期什么的失去了概念。刚吃完饭，我们瞬间就变身竞走运动员，一边揉着胀饱的肚皮，一边快步走向周日集市。不知何时起，天边漾起了青红交融的晚霞，等我们到达集市时，天色已完全漆黑一片。

“这里的人真多啊。”

宽阔的空地上，已密密麻麻地挤满了售卖图画、灯具、玩偶、T恤、包包、饰品等纪念品的摊贩。贩卖的东西虽然和夜市差不多，但这里有安设在街边的沙发作为为游客提供按摩服务的路边按摩店。集市的一边设有餐饮街，在那里可以品尝到泰国的传统食物和各种零食。到了集市，可以先去餐饮街慰劳一下空虚的五脏府，在感到手脚酸软时，还可以坐在街边的沙发上享受泰式按摩带来的舒爽，这里真可以称得上是“购物、餐饮、服务一条龙”。

“今天也走得真够久啊。从花市到尼曼明路，再到周日集市，在一天时间里把清迈的大街小巷都翻了个遍。”

“是啊，真的好累啊。我们体力算很好的了。”

美景餐厅 goodview restaurant

地址： 13 Charoen Raj Rd., Watgate, Muang
电话号码： 053-302-764, 053-241-866 | **网址：** www.goodview.co.th | **预算：** 110 泰铢起

“嗯，忘了戴个万步计步器了。仅今天一天所走的路程，肯定都超出万步一大截了。”

“这样拼了命地暴走，要是能把肥肉减下来就好了——过几天去海边我们就要穿比基尼了呢。”

“回客栈吧，真的好累啊。”

“明天要去派了，得事先把行李整理好，我们快点回去吧。”

从早到晚结结实实地游玩了一整天，庆幸的是乔和我的喜好相似，体力也接近。一个臭味相投的旅伴简直就是旅行必备！谢谢你，乔！

兰老书店
Soi 3
Soi 5
Cha Baa
Mont Blant
Soi 7
kit-bit-S
Black Canyon Coffee
Wawee Coffee
Soi 9
Tall teak Plaza

尼曼明路 Thanon Ninmanhaemin

这条街道位于清迈市中心西北部，清迈大学附近，是正在蓬勃发展的街区。
这里不仅有最时尚的发型沙龙、美甲店、时装卖场、装修店、画廊，
还有鳞次栉比的时尚餐厅，可以品尝到法国、意大利、泰国等地的风情料理。
因此，这里是最受泰国青年和游客喜爱的地方。
从清迈市中心乘坐嘟嘟车需 15 分钟车程。

舟舟和乔推荐的店

→→ Chiang Mai

★★★★ 4/5

1.Ginger

购买饰品、鞋子、衣服、包包等小商品的天堂，细节精美的服饰是这里的特色。一楼主要经营受女性顾客喜爱的各类杂货，二楼主要经营服装，三楼是打折卖场。这里有许多刺绣精美且缝制了华丽珠串的衣服，只去逛一逛也十分养眼。各层都摆满了饰品，买来送给朋友作手信也很不错。如果想体验泰国独有的细节和现代美，这里一定不能错过。

地址 6/21 Nimmanheaminda Rd.,T.Suthep,A.Muang

电话号码 053-215-635

营业时间 9:00 AM ~ 9:00 PM

★★★ 3/5

2.kit-bit-s

散发着少女清新气息的地方。虽然空间不大，但摆满了淡雅风格的鞋子、衣服、包包等商品，简洁而细腻。此外，这里还有店主亲自设计的衣服出售。

地址 A3 Nimmanheaminda Soi9,Tall teak Plaza

网址 http://kit-bit-s.blogspot.com

★★★ 3/5

3.Chabaa

用年轻设计师的灵感重新诠释了泰国传统服饰文化的地方。独特的室内装饰和新颖的艺术设计吸引了我们的眼睛和心灵。这里的服饰固然精美，但由于是原创设计品牌的缘故，价格略贵。

地址 14/32 Nimman Promenade,Nimmanheaminda Rd.,Suthep,Muang

电话号码 053-221-824

营业时间 10:00 AM ~ 9:00 PM

网址 www.atChabaa.com

★★★ 3/5

4.HONG TAUW INN

西部风格的餐厅却经营着泰式料理，复古风格的摆设与氛围浓郁的照明融为一体。不仅是游客，就连当地人也对这家泰式餐厅颇为喜爱。价格贵，量却不多，很适合正节食减肥的女人们。与 Ginger 相邻，是个购物后能安慰辘辘饥肠的好地方。

地址 92/17-18 Nantawan arcade Nimanhaemin RD.

电话号码 053-218-333

营业时间 11:00 AM ~ 10:00 PM

预算 主菜料理 80 泰铢起

★★★ 3/5

5.Mont blant

因干净利落的装修风格和美味的蛋糕而闻名的专业日式咖啡店。这里不愧是青年人的街道，光顾的帅哥、美女非常多。店铺装潢所展示出的日本特有的色彩感和趣味，会让人错以为来到了东京。店中的一角摆放着许多为游客准备的书籍，可以一边惬意地享用咖啡，一边便利地收集到有用的旅行信息。

电话号码 053-210-776

营业时间 8:30 AM ~ 9:00 PM

预算 蛋糕 45~65 泰铢， 饮料 40~60 泰铢

舟舟和乔的购物项目

100 泰铢 =19 元人民币

BEST

1名

印花连衣裙

在尼曼明路打折时
以 250 泰铢入手

2名

可爱的基本款广告衫

在瓦洛洛市场
用 100 泰铢买了 2 件

3名

派对连衣裙

尼曼明路打折时
以 250 泰铢买入

4名

MUST HAVE ITEM

在 Kad Suan Kaew 商场
用 200 泰铢买了 2 双
（为妹妹选购礼物时，顺便买双给自己～）

5名

清爽的无袖衫

在 Ginger 以 350 泰铢购入

乔

可爱的奇幻魔法造型小商品

在瓦洛洛市场的 SCHOOL 文具店购入，
共 210 泰铢

6名

舟舟

7名

亮粉色包包

在 Ginger 以 700 泰铢购入

8名

来到甜蜜的童心世界

Ponyville 娃娃套装，
220 泰铢

乔

9名

安然度夏的神器
——清爽绿太阳镜

在 Kad Suan Kaew 商场
以 200 泰铢购入

舟舟

10名

吸引眼球的艺术挎包

在 Ginger 以 700 泰铢购入

舟舟

PAI
PANTHER PARKING ONLY!
HELLO

pailism
save the earth
Pai pai pai
pai
Pai
2009
Love pai.......
Pai?
The Hilltribes
of
Northern Thailand
Karen Padong
The Padong that are in
Thailand originally

Part 2

派

派县是座位于泰国北部的小村落。这里小溪流淌、青山环抱，遍布着亲近自然的居所、淡雅且富有情调的餐厅，令人产生一种有如亲临老挝万荣和巴厘岛乌布般的舒适感。尽管是座仅需 1 个小时就能游遍的小型村落，派县在众多游客心中依然占据着独特的位置。每年都会有大批游客来到这里，恣情地享受泰国西北部的田园风光，放松旅途中疲惫的身心。

Let's go to **Pai** →

派县地图

Pai Republic
Mittai art gallery Pai
Pai Post
Under+Over
巴士
派县医院
All about
银行
Duang Tour &Guesthouse
因特尔咖啡店
Breeze of Pai
7-11
Cooking Lee's
派河
I am Pai
派县高中
Lilu Hotel
邮电局
Tik Tak

和共度的派县日程

期限：4天3夜

- □ 在 TikTak 用餐，在派县的巷子里购物
- □ 大象骑行（一日游）
- □ 夜丰颂遇到的克伦族（一日游）
- □ 造访 Breeze of Pai，朝芭堤雅进发！

ร้านกาแฟ ปายหนาว
Pai Now
by Black Canyon
BLACK CANYON
ร้านกาแฟ
ปายหนาว
BY BLACK CANYON
COFFEE & INTERNATIONAL CUISINE
ALL DAY AMERICAN BREAKFAST
SOUP • PASTA • SANDWICH • STEAK
FRIED RICE • THAI FOOD
รหัสไปรษณีย์
POSTCODE
58130

ปายหนาว
PAI
Mae Hongs
ปณ.
สี่แยกปายหนาว
PAI
ปาย Pai
หนาว Now

ประถม ๑

Cottages
500B and up

POSTBOX

1 Episode

乘坐小巴 前往派县的路

·乔的故事·

Let's go to Pai~

在清迈的一周眨眼间就溜走了，实在令人惋惜，我们决心要在下一个目的地过得更充实。于是，我们开始朝着派县进发了。派县是个人与自然和谐相处的地方，从清迈前往派县可以乘坐飞机、巴士或者小巴。

“舟舟~我们要不要坐飞机啊？”

“嗯？”

“飞机不是快嘛~！”

“可去机场要坐大巴，然后还要等飞机起飞，算上这些时间，不是一样吗？”

“是……是吗？那我们怎样去呢？”

其实去年我们已经去过派县了，很清楚那条路有多艰险（？！）。舟舟是个强悍的女生，她认为坐在小小的汽车里开始的崎岖旅程就像在游乐场玩过山车一样，既刺激又开心；可我有点容易晕车，每次车身摇晃的时候，我都会担心是不是要出事故，根本睡不着，所以想劝舟舟坐飞机。况且，从清迈去派县的路上有762处急转弯，这令我有点害怕。

可飞机太贵，大巴又因为当地人预购数量太多而很难买到票。最终我们还是选择了飞机和大巴之外的交通工具。这就是最适合游客——尤其是像舟舟这种游客的小巴。

派县也被称为“艺术家的栖息地”。对来泰国旅行的各国背包客来说，这里是最受欢迎的旅游胜地。身为艺术人的舟舟表示自己很喜欢派县，我也一样。尽管我也如此地热爱派县，可从清迈去派县的那段并不轻松的旅途依旧令我担心。

派县小到只需一个小时就能步行走遍所有角落，这里没有巴士，也没有嘟嘟车，可无论在这里做点什么，感觉都很棒。如果没有来过这里，真的很难明白这一点。

聪慧又敏捷的我们提前一天通过旅行社预订了小巴，小巴可以来住处接我们，所以我们没费什么力气就出发了。12座的小巴满载着乘客，摇摇摆摆、晃晃悠悠地朝着派县进发了。车上的乘客除我和舟舟外，还有几名欧裔和数对泰国情侣——看来派县在泰国也颇有人气啊……去往派县的车程持续了三个多小时，幸好在刚过两个小时的时候，小巴在服务区停了下来。这座融入自然的小型服务区，看起来像是一所遗落在树林深处的秘密要塞。在我们喝完清爽的芒果汁，享受过短暂又甜蜜的休息之后，辛苦的旅途又重新开始。

没过多久，派县到了。

“你好吗？！派，我好想你啊！”

贴士

清迈→派县的方法

1

小巴 — 如果预算尚有富余，可以选择乘坐飞机。此外，价格适中的小巴也是一种值得推荐的出行方式。小巴由旅行社运营，每家旅行社的价格略有差别，货比三家后再比较明智。从清迈到派县的路上有 762 处急转弯，晕车药是旅途必备哦。

· **价格**：150~200 泰铢
· **距离**：从清迈出发，朝西北向走，需 4 小时左右

2

飞机 — SGA 航空公司垄断运营

· **价格**：单程 1690 泰铢（含税）
· **距离**：单程 20~25 分钟 / 一日两班
· **网址**：http://www/nokair.com

3

巴士 — 因为清迈人也喜欢在周末去派县玩，所以车票很容易售空。

· **价格**：单程 80~100 泰铢
· **巴士时间表**：清迈→派县，夜丰颂

清迈	派县	夜丰颂
07:00	10:30	14:30
08:00	10:30	14:00
08:30	12:00	15:30
10:30	14:00	17:30
12:30	16:00	19:30
16:00	19:30	—．—

· **巴士时间表**：派县，夜丰颂→清迈

夜丰颂	派县	清迈
07:00	10:30	14:30
08:30	12:00	15:30
10:30	14:00	17:30
12:30	16:00	19:30
16:00	19:30	—．—

2
Episode

从派县寄出的特别明信片

·舟舟的故事·

Let's go to Pai

*（赛百味，Subway，起源于美国的跨国西式快餐连锁品牌，出售三明治和沙拉。）

上午很难在派县的巷道里看到人。这里没有寺院、购物中心一类的景点，人们多在 PUB 或是 Live Bar 里消磨时光。通常要过了正午之后很久，才会在街上看到三三两两的人群。

为了能多珍藏派县的美景，两只披头散发的（？！）——更形象点的话——黑眼圈耷拉到膝盖的“异形”，一大早就蹿出了住处。

当我们正在为吃什么而发愁的时候，眼前出现了一家和赛百味*类似的叫做“TikTak”的三明治店。用新鲜出炉的手工面包制作的三明治，在早晨看起来尤其可口，于是我们坐下来，点了熏鸡和芥末火腿三明治。就在我们带着似梦似醒的睡眼大口咀嚼的刹那，两名健壮的欧洲青年走进了餐厅！

哈利路亚！现在是邂逅的好时辰吗！高挑的身材，宽阔的肩膀，得体的着装，浓密的褐色短发～我和乔是两个人，而他们也不多不少刚好两个人啊！我的内心高喊着：“中奖了！”

为了让浮肿的双眼看起来可爱些，我使劲将它们瞪圆。原本“啊呜啊呜”狼吞虎咽地猛啃三明治的模样，也被我小心翼翼地掩饰起来——我是细嚼慢咽、边吃边用纸巾擦拭嘴唇的淑女舟舟。打起原本低糜的精神，我瞧了眼变身的乔，真不愧是我的朋友——这丫头看起来就像山脚下正在慢悠悠寻觅猎物的鬣狗。

“乔！他们怎样？”

“嘿～不错嘛。”

“要不要过去搭讪呢？哈哈！”

“诶～”

“那又怎么了？要不要问问他们是哪个国家的？”

“吼吼。去试一试？”

“他们不会觉得‘一大早这俩女的想干嘛啊’？”

“嗯，有这可能……”

两只鬣狗正在为要不要前去搭讪而苦恼——“啊～怎么办！”、“三明治都快吃完了……他们俩再过一会就要起身了……”就在这时，我们发现这两名花美男有些异常——穿黄T恤衫的那名男子嘴角像是沾了些酱汁，而另一位穿花裤子的男子正轻轻地为他擦拭！

关键在于，他用的不是纸巾，也不是手绢，而是自己的手啊！

“咦？他们是至亲好友吗？西方人都这样吗？如果乔把酱汁沾到脸上，我可没想过要用自己的手去替她擦呢……”

这时，黄T恤衫青年抚摸了一下花裤子青年的头，笑容满面地凝视着他，然后他做了一件让我和乔惊掉下巴的事——用自己

的嘴唇吻掉了沾在对方嘴角的酱汁……！！！

这么帅的小伙该不会是Gay吧？放着世上这么多姑娘（包括我和乔在内）不要，双双陷入爱河？太不够意思了吧。目睹了整个过程的乔和我，心头那原本熊熊燃烧的火苗，“嗤溜”一下被凉水给浇灭了。我们装作什么都没发生的样子离开了餐厅，将那对Gay情侣抛在身后。尽管尝到了美味的食物，这份苦涩的心情却久久不能平复。

为了转换心情，我们开始了钟爱的血拼。

从三明治店出来，走上一段距离后，有个巴士车站，站前的胡同里挤满了小规模的服装店、文具店、咖啡店和箱包店。

我和乔走进了挂满各种漂亮T恤衫的服装店。我买到了记忆中哥哥最爱的忍者神龟图案的T恤衫。刚结过账，扭头看见乔正在发愁。原来她相中了与自己形象非常相似的奥利弗（“大力水手”波比的女友）图案的T恤衫，正犹豫着要不要买下。

“乔，跟你长得一模一样，很适合你哦。”

“是吗？那我要不要买一件呢？！”

我们逛得不亦乐乎，突然感到渴，就溜进了T恤店边上的小咖啡馆。在咖啡馆的饮料牌上，我看到了令我心花怒放的西瓜汁。第一次喝到西瓜汁是三年前去柬埔寨旅行的时候，现在柿子汁啊、梨汁啊，各种水果制成的饮料都非常丰富了。可在当时的韩国，西瓜汁还是很陌生的。从柬埔寨旅行回来后，每到夏天，我就给家人们做西瓜汁——挑出西瓜籽，再把西瓜放入榨汁机捣碎就行了。西瓜的糖分很高，无需添加蜂蜜或是白糖，其特有的清甜滋味就会弥漫于唇齿间。

从前将西瓜切着吃时，大家难免会吃到腻味。那时一家四口要把个头比篮球还大的西瓜吃完，还是有些勉强的。现在好办了，吃腻的时候就“嚓嚓嚓嚓”切碎了做成果汁，盛在最漂亮的大杯子里献给老爸。老爸总会在喝上一口后，开心地赞道：“爽啊！”

来到泰国，喝着这些美味，看着这些美景，让我想起了家人。

“舟舟，我们寄明信片回韩国吧。”乔似乎看穿了我的心思，提出了建议。

一间面积不大的店铺摆满了图画明信片、钥匙链、美术画册和贴纸，我们在那里买了两张明信片和邮票。放下行李，我们坐在店门口，用舌头舔了舔邮票后，将它们整齐得贴在了明信片上，开始用喜欢的彩笔一字一句地写信。因为每天从早上睁开眼到晚上入睡前都和家人在一起，所以我们只把平时未能表达的心意写在了卡片上——去远方旅行的时候，总想这样做一次。两周后明信片应该会到达韩国吧，那时我还在泰国呢。我们把仔细写好的明信片投进了红色的邮桶里，祈祷它能顺利到达首尔……吃了早餐，买了东西，还寄了明信片，就这样度过了一个忙碌的上午。我们决定在客栈的游泳池里悠闲地消磨掉午后的时光。正觉得游泳不怎么带劲的刹那，我们想起了前天在清迈

的文具店里买到的肥皂泡！我们童心重拾，开始吹泡泡。

“Can I take a picture?”

嗯？怎么回事？一个身材高大，从下巴到胸口都长满了毛的褐眼男子开朗地和我们搭话。

一番自我介绍后，我们了解到这名男子叫“凯利”，是位爵士鼓手，也是位喜爱旅行的音乐人，来自加利福尼亚。他说自己也住在我们入住的那家酒店，想拍下我们在玩耍的样子——大概因为在游泳池边玩吹泡泡的两个少女看上去很有趣吧。

互通姓名后，我们天南海北地聊着，不知不觉凯利也加入到吹泡泡活动的队伍中。先是我吹，之后是乔，然后是凯利，我们就这样轮流吹着泡泡。呼呼～凯利和只会做吹泡泡姿势的我们不同，在摆出几个常规姿势后，他就想到了其他的动作——吹泡泡的管子成了他手中的道具，一会做出掏耳朵的样子，一会又把它当作放大镜用眼睛凑过去看。这样互动的玩法，实在是太有趣了。我们一边嬉笑着，一边拍照。初次见到 Action sampler（Lomo 相机，玩具相机的一种）的凯利，在能够连续拍摄的照相机面前，蚂蚱一般地蹦蹦跳跳，还可爱地假装吃东西。

“凯利，好吃吗？”

“嗯，哼哼，啊！我很喜欢韩国菜的，但不能吃泡菜。”

Postcard From Pai
Address
GOOD PAI DAYS
MITTHAI IN PAI www.mitthaiart.wordpress.com

Mitthai art gallery Pai

地址：226/1 Kheadhelang Rd. | **电话号码：**069-102-718 | **营业时间：**9:00 AM~10:00 PM

“为什么？泡菜多好吃啊。”

“好辣，对我而言太辣了。”

“嗯……那么，下次你就试试白泡菜吧。白泡菜只加了盐，是不放辣椒调料的，所以不会辣。”

“噢~明白了，我会试试看的。”

喜欢韩国菜的美国青年，加上那份想要试试白泡菜的热情，看起来非常实在。“金刚山美景也要在填饱肚子后才有心欣赏”，玩耍了大半天，腹中空虚的我们决定一起去吃午饭。在凯利推荐的餐厅里，我们一起享用了美味的泰国菜，还聊起了途中经历的各种琐碎故事。凯利提议为今后我们在其他旅行地的重逢，制定好相认的密码。

“凯利，接下来你打算去哪里？”

“清迈呆一天，曼谷呆一天，然后去新加坡，之后就回加利福尼亚了。”

“哇~行程安排得真紧。那我们就不能再见面咯？”

“嗯……总会有天再见面的吧。为此，我们约定一个暗号吧。”

“暗号？”

“嗯。我可能会遇到与你们相像的人，然后认错，你们也许也会遇到类似的情况。为避免这种情况的发生，我们可以事先约定好重逢时特有的暗号。”

啊~！这个想法太有创意了。间谍们在进行谍报活动时，都会在和对方接头前确认彼此的暗号——令人不禁联想到007电影里的场景，如果凯利是詹姆士·邦德，那我就是邦德女郎？！

“用什么暗号好呢？”

“舟舟如果遇到我，就说：‘吃白泡菜吧’。那我就回答：‘加利福尼亚泡菜’。”

“哦～很酷嘛！那乔呢？”

“‘盖着镜头盖拍照’怎么样？”

“哦？这个有点难啊……嗯……‘唯心可行’如何？”

就这样，我们约定好了重逢时彼此的暗号，并不太习惯地与凯利拥抱告别。在他乡遇到未曾预料的人，而后彼此了解，分享许多东西，道别又期待着重逢……这可就是旅行？

凯利！你很四次元嘛！我们一定要再见哦！无论身在何处，我都会永远记得你。

“Eat a White Kimchi.”

3 Episode

比想象中可怕的大象骑行

· 乔的故事 ·

Let's go to Pai~

韩国的版图形状与老虎相似，所以从很久之前起，韩国人就把老虎当成国家的象征并且喜欢它；泰国的版图形似大象的头，所以泰国人对大象有亲近感，并把大象当作自己国家的象征。因此，在泰国，小到纪念品，大到旅游产业，大象都占据了核心位置。

今天是我们体验泰国的代表性旅游项目——大象骑行的日子。

因为昨天已经提前预约过，所以迷你巴士一大早就把我们接去旅行社。其实步行到旅行社也不过 10 分钟的距离，我们却享受到了专车接送的服务。大部分泰国私人旅行社在接到游客提出的旅行申请后，会免费把客人接到旅行社集合，所以我们就像配备了司机的公主一样，一路上走得非常舒坦。

刚到旅行社，导游大叔就告诉我们需要稍等一下，因为今天和我们一起出行的另一组客人还没到。昨天来旅行社时，就看见他们也在预约，所以我们知晓这个情况。他们是一个三口之家——一对新西兰夫妇和一个魅力十足的金发小孩。正想着他们呢，就远远地瞧见了那小孩闪闪发光的金色卷发。想到要和他们一起去骑大象，我就开始兴奋起来。有如此多的机会和外国人结伴出行，也是泰国旅游的魅力之一。就这样，集合完毕的七人团队和导游一起坐上了迷你巴士，大家还神色有些别扭地相互打了简单的招呼——见到他们时，舟舟和我显得有些激动；同样地，他们也用颇感兴趣的眼神打量着我们。

巴士开了大约15分钟？导游说已经到达目的地了，让我们下车。

这里是一个被山和原野环绕的寂静之处，有三只大象在原木屋顶下候命。它们那耸立着几缕稀疏绒毛的光脑袋，令人想起了滑稽的秃头大叔；眼睛又黑又圆像是围棋的黑子；漂亮而上翘的睫毛像用姐姐们的睫毛夹夹过一样。概括地说就是——一个超级可爱的秃头大叔？！大象身上的皱纹真的超多，皮肤看上去有些干燥却又坚硬，脚趾甲也超大，让人感觉好像看到了霸王龙的脚趾。

嗯~我没有找到想象中的大象。像迪士尼动画片里小飞象那样，可爱、招人喜欢又小巧的大象究竟去哪里了……

抚慰着惋惜的心情，我和舟舟、导游一起骑上了大象。另一家的爸爸和儿子也其乐融融地爬上了大象的后背。最后一头大象上坐着那家的妈妈和孩子。

“啊！扎得慌，这是什么啊？”

原来是“秃头大叔”的头发，它们又硬又粗糙。大象每走一步，身上凹凸不平的骨骼就泛起一阵波浪，那波浪直硌我的屁股。不知不觉，我像跳舞一样开始跟着大象的节奏摇摆。

“呃~啊！舟舟，我怕得要死。”

“乔！把身体交给大象，跟着节奏走，习惯了还挺有趣的。”

我已经在心里把自己交给大象一百次了，可还是无法忘掉全身的不适感。我被称为“硬邦邦 wave”，身体的柔韧性像是被上帝

诅咒过。连摇摆自己的身体都搞不定，跟着动物摇摆更是没信心。

心情低落的我在滚烫的阳光中挥汗如雨，分不清这到底是汗水，还是因为紧张而惊出的冷汗。可这还只是个开始。我们的大象骑行时间为一个半小时，现在才过去了 10 分钟。

紧张的腿开始刺痛起来，但还是紧贴在大象的背上，双手抓着舟舟的肩。可忽然间那波浪停了下来，让我全身感受到了一种震动。

“噗呜 ~”

好像发生了一次小规模地震，在强烈晃动的同时，传来了瀑布洒落的雄壮声响：“哗 ~”

“Oh my god！”我连保持重心都很困难了，居然还给我状况不断！不知是不是被驯象师看穿了心思，他吆喝了一声“Chang Beer”，然后粗犷地笑了。

Chang Beer？是深受我们喜爱的象啤，可突然提象啤干嘛？刚露出莫名其妙的表情，驯象的大叔就解释到——泰语里“大象”的发音是“Chang”，而大象的小便颜色及其在下落的过程中产生的泡沫又会让人联想到啤酒。不管怎样，驯象师的冷笑话，令我紧张的心情有所缓解。

就这样，我们骑着大象来到了河边，终于可以逃离这位“秃头大叔”一会了。听说在河边和大象一起玩水也是大象骑行体验的一部分。疲惫不堪的我躲得远远的，悠闲地观赏舟舟和新西兰那一家子和大象玩耍的情景。

大象会用鼻子吸水，然后“噗”地喷出，把人们淋湿；还会驮着人们跳入水里，令猝不及防的人们喝一肚子水。我远远地看着，发现和大象玩水还挺有趣的。

玩水活动结束，我们重新朝农场方向进发。对所有人来说，这都是一次愉悦的约会，但对我而言，这无异于地狱里的训练。为了洗掉所有的疲劳和汗水，回到住处的我直接奔向卫生间。

“呃～啊！”

我学起《小鬼当家》的主人公麦考利·卡尔金，调皮地捂住双颊尖叫起来。舟舟被我吓了一跳，冲进卫生间。

“怎么了？乔，出什么事了？”

“啊～舟舟，你看这里！”

脱掉上衣的我，在舟舟面前皱起了眉头——我的肩膀和后背被晒出了明显的印子。我们的旅程还有好多没走呢，我的比基尼还没穿过呢……呃啊～估计这几天连畅饮象啤的心情都没了。

4 Episode

夜丰颂遇到的长颈——克伦族

·舟舟的故事·

Let's go to Pai~

夜丰颂位于泰国最北端，距清迈机场 8 小时车程，与缅甸、老挝等国接壤。对想要感受泰国高山地区特有风情的人来说，这里是值得推荐的异域风情观光地。派县停留期间，我和乔在旅行社报名参加了夜丰颂一日游——时间就在今天！

一大早，我们就带着清爽的心情出门了。在旅行社门前，一位眉目慈和的泰国大叔接待了我们。就这样，一位导游兼司机、一对德国情侣，加上乔和我，五个人就这样朝着夜丰颂出发了！

在崎岖不平的山路上不知颠簸了多久，我们眼前开始呈现出一片绝美的景象——在山顶才能望见的泰北地区天、山和树浑然一体的美景，简直美到难以用言语形容！山下的树林绵延千里，望不到边际；山上的我衣袂翩飞，飘然若仙！

在鱼群欢跃的鱼之洞（Fish Cave），精心管护的植物和幽静的湖水散发着静谧美。顺着林荫小道走了很久，我们才见到了这处“湖中的洞府”——一处坑坑洼洼的山体底部露出了三角型的洞口，面积不大的洞窟里密密麻麻地挤满了鱼，不知是因为洞窟里的灵气，还是因为这里食物丰富。看向鱼群时，会让心灵变得平静。

短暂地寻得了灵魂安稳的我们，又来到了位于夜丰颂的湖中寺院和山顶寺院。和其他地方色彩绚烂的寺院尖顶不同，这里的寺院尖顶呈纯白色，看上去肃穆又圣洁。也许因为这里毗邻缅甸，氛围才和泰国其他地方的寺庙有所不同吧。在韩国进行布施许愿时，一般需要在瓦片上写下自己的名字；而这里却要在红砖上写下愿望。在异国他乡看到与韩国文化相似的地方，真令人开心。

我们写下了“舟舟 & 乔在泰国重逢”的句子，许下了“下次还能结伴来泰国旅行”的小小心愿。鉴于我们这次的布施颇为慷慨，乔和我应该用不了多久就能一起来泰国旅行了吧？！

逛完夜丰颂后，我们和同行的德国情侣一起共进午餐。大家一边用餐，一边交流着旅行信息，分享别扭的笑话，不知不觉间形成了奇妙的情感纽带。最后，我们一行来到了著名的克伦族村。勤劳的克伦族人在小小的村落里建起了错落有致的木楼建筑，这里有许多独特的风俗，妇女们的颈项上戴着重达 5~20 公斤不等的项环。克伦族人相信颈项上的项环越多，就越华贵——确实，克伦族每名

妇女颈项上的项环数量都略有不同。

“乔，如果我也戴上那个，脖子会变长吗？”

“可是，舟舟，戴着项环，不会感到疼吗？项环好重哦。”

“没错，项环越重，脖子会越长。如果也会影响身高，怎么办？”

终于亲眼见到了这个经常出现在外国纪录片里的民族，大家都感到激动。乔和我总是担心这样随意地出入克伦族人所居住的屋舍，会不会打扰到他们的日常生活，但转念一想，我们所缴纳的门票也是他们赖以为生的收入来源，这也算是互惠互利吧。总之，我们见到地球上所剩无几的克伦族人……

用一天时间周游夜丰颂的美妙滋味，与上次以海洋和都市为主题的旅行截然不同——果然每次来到泰国都会有崭新的感受。忽然想起了在泰国观光厅网站上看到了一句话：

“欢迎来到充满看点和乐趣的泰国！”

Duang tour & Guesthouse

亲切的“Tang”大叔同时经营着旅行社、客栈和餐厅，他的店铺内满是各种景点照片、旅行信息。我们在这里预订了大象骑行体验和夜丰颂旅行。他的店面位于长途汽车站对面，非常好找。这里比周围的旅行社便宜一些，预订旅行还可享受旅行当天专车到酒店接送的服务。

地址： 5 Rungsiyanon Rd.,Wiangtai | 电话号码：053-699-101 | 营业时间：Tang 大叔随兴决定

5 Episode

造访Breeze of Pai & 朝芭堤雅进发！

· 舟舟 & 乔的故事 ·

Let's go to Pai ~

· 乔的故事 ·

我们留宿的地方有一个小小的游泳池。尽管设施不算很好，却很适合凉爽地度过炎热的白天。由于泰国的阳光过于火辣，当地人基本上不会选择在白天外出活动，但有一群人非常活跃，他们就是儿童游泳团。

这天正值阳光最为炽烈的下午两三点间，我们正在午睡，外面传来了清脆的嘻笑声——像是幼儿园学生的十几个孩子，扑通扑通地跳进水里，呼啦呼啦地打着水仗。喜欢孩子的舟舟和我，偷偷地观察着他们，还悄悄地拍下了他们戏水的照片。他们似乎察觉到了我们的关注，闹腾得更厉害了，大方一些的小朋友还带着游泳圈凑到我们的镜头前。

明天我们就要出发前往芭堤雅了，因为无法忘记孩子们明朗又无邪的笑容，我们决定为他们留下一份小小的礼物——住处门口路面上的小插画。急匆匆地跑去文具店买来了粉笔，我们开始了涂画。地面是水泥的，热气浮涌，难免会感到燥热难耐，但一想到孩子们看到插画时开心的笑脸，就觉得不那么热了。看到我们的画，孩子们会有什么反应呢？

在和我们魂萦梦牵、想要再次造访的派县作别之前，我们忆起了去年的旅行经历，决定再次造访当时留宿的客栈。那家客栈叫做“Breeze of Pai”，也就是“派的山野风”客栈。

客栈离派县的巴士站很近，小屋掩映在郁郁葱葱的热带雨林中，能看到江边，是个景色优美的地方。比起环境，更让我们印象深刻的是每天早上由店主大叔亲手摘来的“free for customer banana”。每天早上前台的桌上，都会摆放令人垂涎欲滴的香蕉，那香蕉真是世界上最美味的香蕉了。一想到今天也会在同样的位置看到美味的香蕉，就让人口水直流。我们开始寻找店主——虽说是免费的，但我们并不住在这里，还是得到允许后再吃会比较好。在我们犹豫不决时，有个孩子正好奇地瞪大了眼睛打量我们。这个卷发呈褐色的孩子，皮肤白皙，眼睛又大又圆，好像个洋娃娃——她就是店主的女儿。令人感激的是，孩子叫来了爸爸。我们和店主问过好，说自己是去年来过这里的客人，想再来看看——其实我们想吃香蕉了，这才是我们来找店主的真实目的……没想到我们之间的对话就这样开始了。

店主大叔一边和三岁的女儿多美尼克玩耍，一边介绍说自己叫“本”。我们忽然好奇起小巧可爱的天使多美尼克出生的故事来。

“本，可以问一个私人问题吗？”

“什么问题？”

“你是怎样遇到你妻子的？”

本大叔羞涩地笑着，开始小心翼翼地讲这段故事。他在四年前遇到了妻子海伦，海伦是个英国人，在曼谷做英语讲师的时候，曾来派县旅行。就这样，海伦在这里遇见了本大叔，然后双双陷入爱河，婚后幸福地生活在了一起。这才是戏剧化的爱情故事，不是吗？

本大叔与家人共度美好时光的时刻，我们正在为前往下一目的地——芭堤雅，而折返清迈。令人伤心的是，我们只能选择和来程一样的交通手段……虽然派县只是座小村子，却总能让人感到新鲜和满足。别了，派县，我们还会再来的！

派的山野风 Breeze of Pai

茂密的热带雨林中美丽的小屋客栈，可以欣赏到派江边的景色，主人大叔每天早上为客人从树上采来香蕉，离派的巴士站很近。

地址：131 M3 Viengtai，Pai | 电话号码：081-998-4597 | 预算：300~500 泰铢

派县的客栈目录

Baan Pai：www.baanpaivillage.com | **Paichan：**www.paichan.com
Villa de Pai：www.villadepai.com | **The country side Pai：**www.thecountrysidepai.com
The quarter hotel：www.thequarterhotel.com

· 舟舟的故事 ·

为了前往芭堤雅，我们赶到了巴士站。几名外国游客和大多数泰国乘客一样，一边等着想要搭乘的巴士，一边坐在候车室的椅子上看电视，或者和同行的人一起聊天，又或者打盹。我在他们旁边读着吉本芭娜娜的可爱随笔集，乔在用 iPod 专心致志地看着电影。这时，不知哪里传来了一阵歌声，我旁边的人们忽然都站了起来。

“是巴士来了吗？”我心想。可看看周围，除了我和乔之外，候车室里的大部分人都站起来凝视着电视机？！

就像《X 档案》里 Mulder 和 Scully 在寻找外星生命的真相时，看见被外星人所迷惑的地球人的场景一样。电视里传出那首奇怪歌曲的同时，出现了泰国国旗飘扬和国王的画面。

“原来是国歌啊！”

“乔，站起来！”

“嗯？我们也要站起来吗？”

“嗯，我喜欢泰国！内心感激着泰国。”

听了我的话，乔迷迷糊糊地跟我一起站了起来。尽管时间很短，但候车室里的我们一起出演了《X 档案》里的那幕。只有白人游客东张西望地打量四周，非常出色地扮演了 Mulder 探员的角色。世界上哪个国家的公民能表现出如此的爱国之情呢？别说国歌响起的时候起立了，好久都没听过国歌的我，这才理解了泰国人对国家和王室的热爱。

ปาย PRODUCTS
ww.painaturespirit.com
081-8837020
ลุงอ๊อด โจ๊ก สมุนไพร

舟舟和乔推荐的店 → Pai

★★★★ 4/5

1.Under+Over

追求质朴风格的摄影师迪拉瓦特的画廊兼商店。他将自己拍摄的照片制成明信片和卡片出售。从单色简洁的装修风格中，可以看出摄影师的喜好。这里本来不允许游客拍照的，热情的迪拉瓦特不仅对我们开了后门，还亲自为我们拍摄了照片。谢谢你，迪拉瓦特！

电话号码 089-755-1714

网站 www.underover.multiply.com

电邮 paiaway@yahoo.com

★★★ 3/5

2.Pai republic

装满了有趣文化T恤衫的地方。垃圾食品风格的文化T恤和派县的纪念T恤衫占据了主流。价格亲民，有趣的图案很多，很适合买来送给朋友作为礼物。需补充一点：尺码不同，价格也各异。

地址 101 Moo 1 ViangTai，Pai

电话号码 089-613-7446

营业时间 9:00 AM~10:00 PM

★★☆ 2.5/5

3.1 am Pai

淡雅且现代感十足的酒吧兼餐厅。规模不大，菜式却十分丰富。

地址 8 M.4 Rangsianon Rd.

营业时间 7:00 AM ~ 10:00 PM

预算 就餐 35 泰铢起

★★★ 3/5

4.Lilu hotel

这家酒店不走派县其它客栈的那种亲近自然的风格，现代感十足且干净利落的装修风格颇吸引眼球。由于刚建成不就，酒店比较干净。

地址 13 Moo 4Rungsiyanon Rd.,Tambol Viengtai Amphur

电话号码 053-064-351~2

网站 www.liluhotel.com

乔

BEST

1名

舒适的木底民族风拖鞋

120 泰铢

舟舟

2名

粉色环保菜篮

130 泰铢

5名

乔

磁力冰箱贴（！？）

购于夜丰颂，70 泰铢

3名

从路边摊买到的手链

100 泰铢

乔

4名

可口的进口饼干、新鲜的水果

20 泰铢

PATTAYA

GARDEN & RESORT

Part 3

芭堤雅

距曼谷 147 公里，车程约 2 小时的芭堤雅，绵延着被森林环绕的碧绿山丘。这里是泰国东部最佳的世界级旅游胜地，每年都会吸引无数外国游客前往，被誉为“亚洲度假胜地女王（Queen of Asia’s Resorts）”。岛屿上隐约可见的海岸线，从清晨起就有络绎不绝的游客前来游玩。这里几乎能享受所有的体育项目，除各种海上体育运动外，还有保龄球、跳球、高尔夫、射箭、射击、网球、骑马……在南北方向伸展开的海边，还可以悠闲地享受时光，或者前往附近的小岛自在地悠游一番。

Let's go to Pattaya →

芭堤雅地图

芭堤雅海滩
曼谷芭堤雅医院
曼谷行巴士客运站
蒂芬妮
Hard Rock酒店
Cental Festival
Mumaroi
Apex Hotel
安水井
阿卡莎
家乐福
芭堤雅火车站
麦克购物中心
皇家花园广场
韩牛罗
Walking Street
戴安娜安列克
瓶子博物馆
巴里海码头
Repley's World Enteraiment
乔木提恩行小蓬车
观光厅
蹦极跳
赛车跑道
彩弹射击公园
芭堤雅公园
水底世界
中天棕榈沙滩
那库阿行
乔木提恩海滩
曼谷行巴士
东芭乐园

 和  共度的芭堤雅日程

期限：4天3夜

- □ 在皇家花园广场的麦当劳吃饭
- ↓
- □ Ripley's World of Entertainment
- ↓
- □ Hard Rock 沙滩泡沫派对
- ↓
- □ 乔木提恩海滩
- ↓
- □ 迷你暹罗
- ↓
- □ 东方最大的公园——东芭乐园
- ↓
- □ 人妖表演——蒂芬妮秀！
- ↓
- □ Mumaroi 的夜晚
- ↓
- □ 芭堤雅的红灯区——Walking Street
- ↓
- □ 在四季酒店游泳池享受夜间畅游

Good Food for Good Health & Good Life

LUCIFER
DISKO
TK
HOTEL
P. 72
Bar
&
Restaurant
NO.1 PHARMACY

Episode 1

光天化日下的群魔乱舞和午夜的沙滩泡沫派对

· 舟舟的故事 ·

Let's go to Pattaya

从阳光灿烂的清晨开始，两个韩国姑娘就徘徊在芭堤雅的街道上。大清早开门的地方，就只有 24 小时营业的麦当劳。

其实不管去哪个国家旅行，我都喜欢去麦当劳。“去了外国，把当地美食品尝一遍还嫌时间不够呢，去什么麦当劳啊？”您可能会这样想，但其实每个国家麦当劳里的菜式都不太一样哦！那些在韩国没见过、没听过、没尝过的菜式，都刺激着我的好奇心！找出未知的菜式，点餐后等待食物上桌——对我而言应该是一种小小的乐趣吧？！

在麦当劳的入口处，我们“噗”地一声笑了出来。世界各国的麦当劳门前，我们总能见到小丑造型的罗纳尔德塑像，它们大多在向人们挥手致意，或者悠闲地坐在椅子上等待客人，可泰国的罗纳尔德却双手合十？！和可爱的罗纳尔德问过好后，我们走进了餐厅。

餐牌上写着菠萝派、玉米派、塔罗派……看来在泰国派很受欢迎——在韩国只能见到苹果派而已。我们把在韩国吃不到的派每种点了一个，还点了早餐套餐。

咬了一口菠萝派，清香的果酱瞬间在嘴里四溢开来。玉米派有玉米特有的质感，嚼起来咯吱咯吱。来历不明的塔罗派和红薯的味

道差不多……享用着鲜活又酥脆的早餐，我们开始确认行程。

“舟舟，吃过早餐我们要干什么呢？”

“去‘Ripley’s World’吧，弥补我们去年的遗憾。”

“啊！今天去鬼屋，能把夏天的暑气统统赶走吧。”

“外国鬼有什么好怕的？我倒好奇会出现什么样的鬼……应该很有趣吧。”

早饭过后，乔和我奔向了 Ripley’s World。这里是个能够观赏、感受、触摸的体验性娱乐空间，位于皇家花园广场，由恐怖体验馆、4D 电影院、“信不信由你”博物馆和神秘玻璃屋组成。

外观有些阴森的建筑物里，一群装扮可怖、眼框乌黑的工作人员，用阴森的表情接待了我们。

皇家花园广场 Royal Garden Plaza

1 楼有麦当劳、哈根达斯、肯德基、汉堡王等各种 24 小时营业的快餐店。在能看到海景的顶楼，有美国、泰国、日本等世界各国风味的美食街。楼顶的星巴克还可以俯瞰壮观的海景。如果你还在为在芭堤雅吃什么而犯愁，请马上到皇家花园广场来吧。广场内还有购物中心和主题公园，值得一游。

地址： 218 Moo 10Beach Rd. | **电话号码：** 038-710-2948
营业时间： 11:00 AM~9:00 PM

“瞧瞧他们 ~ 哈哈，装得挺可怕，其实蛮可爱的嘛。”

买过票后，工作人员递给我们一条绳子。

“咦？这是干嘛的？让我们拉着前进吗？这有什么可怕的……”

大门一开，我们就像玩小时候玩过的火车游戏一样，单手拉紧绳子，朝体验馆里走去。这时，门忽然轰隆隆地关上了。体验馆里漆黑一片，伸手不见五指。四周静悄悄的，毫无防备的我们唯一可以依赖的只有那条绳子，这种寂静令人感到不适。

“咣！”

“啊 ~~~~~！”

不知哪里出现了一线微弱的灯光，伴随着一声巨大的噪音，一个拿铁锨的男人出现了，他开始追赶我们？！

“Oh my god！ Oh my god！那不是假人或者电脑特技，那是真实的人啊？”

而且这还是个一边追赶我们，一边用铁锨敲打地面的人？！在伸手不见五指的房间里，我甚至无法判断自己周围的哪个方位、在哪个时间会出现什么人、做出什么事。忽然，微弱的灯光里出现了一只沾满鲜血的手，超乎想象的恐怖和不安包围了我们。

“啊 ~ 啊 ~”

“乔，你怎么了，你哭了？”

“不是，是呼吸困难。我……我一步也走不动，我们回去吧，啊 ~”

乔喘着粗气，呼吸急促。

“不行，走了还不到三米呢，我们

可是买了挺贵的票才进来的。这里有那么多人，我们出去的话，多丢人啊！这简直就是耻辱！”

“话是这么说，可……”

周围太黑，在我们踌躇不前的时候，眼前忽然依稀看到一个人影。“啊~是鬼吗？怎么办？他又来抓我了……我又不能后退——不管那么多了~让你也尝尝老娘的厉害吧！”我伸手一抓，就在我抓到他肩膀的瞬间，他转过头来。

“啊~！”

啊！原来他不是鬼屋的工作人员，是在我们前面进去的那一家子。哦，不好意思。我只是想吓唬一下鬼……真的做梦也没想到会是游客嘛。啊~应该道歉才对，可对方似乎是泰国人……说时迟那时快，我冒出一句让自己羞愧难当的话：

“萨瓦迪卡~萨瓦迪卡~”（你好~你好~）

因为太害怕，我慌了神，面对那个全身发抖的泰国少年，我说的不是“对不起”，而是“你好”——就这样莫名其妙地跟人家问了个好。就这样，一个泰国家庭加上乔和我一共五人，组成了一支队伍（？！），开始了我们的鬼屋探险。每当鬼怪们“嗖”地一声冲过来时，乔就哆哆嗦嗦、喘不上气，泰国那一家子则会发出剧烈的尖叫。大家就这样提心吊胆地一直走下去，直到远处出现了一丝光亮和四个字母：

“EXIT”

咻~！得救了，我们开始加快步伐朝能看见光亮的地方走去。原以为和小学时在游乐场里玩过的鬼屋差不多，没想到差点被这个

鬼屋要了老命。

来到出口的我们，走到了相片冲洗处。发现自己被吓得花容失色的样子被原原本本地记录了下来，尤其是乔！有照片为证哦～为了留下这段回忆，我们买下了照片。

短暂的鬼屋之旅宣告结束，在简单地告别之后，大家各奔东西，乔和我一起回到住处。为了抚慰自己受惊的心灵，我们开始寻找下一个目的地……“啊，对了！这里有无线网络吧？！”我翻出自己带来的笔记本电脑，开始浏览关于“芭堤雅”的网页内容。某博客发布的一则消息让乔和我眼前一亮——去 Hard Rock 酒店能参加沙滩泡沫派对，博客还上传了派对现场的照片。

我立马拿起了电话：

“你们要举行沙滩泡沫派对吗？”

“是的，本周我们也要举办泡沫派对。”

“Oh yeah~Nice！”我尖叫着换上了游泳衣。为了打造堪称为“女人生命（？）”的大眼睛，我涂上了防水眼线和睫毛膏，精

Ripley's World of Entertainment

这里的冒险，是任何恐怖体验馆都无法比拟的刺激经历。短暂却令人印象深刻的4D电影院，还有利用了镜子和照明打造的梦幻屋等游乐设施聚集在一起，组成了一个主题公园。在寺院和海洋观光之外，如果你想要体验到另一种冒险的乐趣，可以来尝试一下挑战哦。

地址： 2F. Royal Garden Plaza，218 Moo 10 Beach Rd.
电话号码： 038-710-294 | **营业时间：** 11:00 AM~11:00 PM

心地打扮了一番。

带着激动的心情，我们俩在不觉间加快了脚步。

幸好Hard Rock没让我们失望，沙滩泡沫派对的会场就位于Hard Rock酒店宽阔的游泳池一角。在那里，已经有美国、欧洲、亚洲、阿拉伯等世界各国的年轻人在泡沫里随着音乐起舞。DJ在游泳池的高处播放音乐助兴，闪烁不定、五光十色的灯光让派对的气氛达到了高潮。与泡沫融为一体的我们，尽情地摇摆着……

“Gee Gee Gee Gee~baby baby baby，Gee Gee Gee Gee~baby baby baby……”

这是少女时代的《Gee》啊！周围随处可见泰国青年模仿少女时代可爱舞蹈的身影。这就是韩流，我为韩国骄傲~！

这里简直就是天堂，四周被云彩般的肥皂泡所覆盖，还能跟身材健硕的可爱男生一起跳舞！每当客人们脚边的泡沫快要被绚烂的舞步踩没了的时候，就会有新的泡沫将空白的位置填满。多亏眼疾手快的工作人员，肥皂泡才没有变干的机会。

我们在雪白的泡沫间，享受着比基尼派对！时而用肥皂泡在头顶堆出羊头的形状，时而又“呼”地一下将泡沫吹走，还搭着彼此的肩膀玩火车游戏。眼看就要奔三的我们，在肥皂泡里忘记了年龄，找回了童心。

“啊~这辈子何时才能再参加这么好玩的派对呢……”

Hard Rock Beach Foam Party

在云海般的肥皂泡里举行的比基尼派对，让世界各地的年轻人聚集到 Hard Rock 芭堤雅酒店来。在室外游泳池边，享受五彩的灯光和热闹的 DJ 音乐，让人联想起夜店的气氛。每周六定期举行，时间也可能会变动，所以需要事先确认好。

地址： 429 Pattaya Beach Rd. | **电话号码：** 038-428-755
网址： www.hardrockhotels.net/pattaya
入场费： 300 泰铢（Hard Rock 住客 200 泰铢）含一杯免费饮料

2 Episode

令人失望的乔木提恩海滩，宰人的迷你暹罗园！

·乔的故事·

Let's go to Pattaya

6 月的韩国想去海里玩尚嫌早，6 月的泰国却已夏日炎炎。今天我和舟舟打算一起在火热的日头下将我们白皙的皮肤晒黑。

浏览过旅游手册，书中推荐了乔木提恩海滩。在我们出发前往乔木提恩海滩的路上，我们一路想象着——金色的沙滩上，来自各个国家的身材火爆的性感美女和六块腹肌的帅哥在享受着日光浴。我们的包里装着 MP3、书本、水底照相机、防晒霜、太阳镜……沉甸甸的，但心情却像羽毛一般轻盈。

怀着激动的心情，我们来到了乔木提恩海滩。海滩附近和韩国的海水浴场差不多，有一片销售玩水用具的路边摊。朝沙滩走去的同时，我们在心里打定主意：今天就算不玩水，也要好好享受一下优雅而奢华的美黑……

“呃！”

来到海边的我们瞬间变成了望夫石——脑海里浮现的是韩国东海岸那种长长的沙滩和碧蓝清澈的海水，眼前见到的却是狭窄的海滩和浑浊的海水，这让我们不知所措。再看看四周，根本没有什么穿着比基尼的性感美女和肌肉健硕的帅哥，只有招揽客人来玩海洋运动的泰国大叔和一群追逐嬉戏的天真孩童。

“观光手册上明明写着这里的水很清嘛……”

大吃一惊的我们，再次拿出观光手册。

老天爷！“还·算·是”这三个字写在那句话的前面呢！书里说的是，和芭堤雅的沙滩相比，这里还算干净，所以做点海洋运动或者玩水，还是可以的。我们早上的兴奋劲，就像破了洞的气球一样，瞬间瘪了下去。

默默无语地望了望大海，我们迈开了空虚的步伐，前往下一个目的地——“迷你暹罗园”。

被称为芭堤雅必看景点的“迷你暹罗园”，是所有芭堤雅旅行线路的必经之地。只要打开观光手册，就会被“在迷你王国里周游世界”类似的魅惑句子所吸引，其实韩国也有类似的微缩景观，比如富川的“Aiins World”。听说那里主要是情侣们的约会地点，落单已久的我想去却未去。能在泰国和舟舟一起前往，我把它当成了一次事前演习。

很多人是通过报团的方式前往迷你暹罗园的，我们却担心旅行社宰客。为了能尽量节省旅行资金，我们决定自己去。从乔木提恩海滩到迷你暹罗园路程挺远的，幸好我们成功地拦到了一辆小篷车，并成功地谈好了价钱。

阳光炽热，热浪阵阵来袭。到达迷你暹罗园的时候，我们已大汗淋漓。瞟了一眼售票处的价目表，外国游客的门票价格和当地人不一样。刚好前面有几个当地人正打算买票，我们使上了小聪明。

“不好意思，能替我们买两张票吗？”

“……”

尽管已经做出了楚楚可怜的模样，对方却并不怜香惜玉。不知是语言不通，还是刻意回避，反正他们只买了自己的门票，便扬长而去。

“好吧，既然如此，我们酷酷地进去吧，那点钱算神马？”明明心里已经打定这般主意，可脑海里的计算器还是敲得“噼啪噼啪”——来这里的车钱，加上门票钱，再加上回家的车钱，比报旅行团还贵呢。

“呃！这里值得下这么大的本钱吗？”

“乔，事已如此，我们就拼命玩吧，要把本钱捞回来！”

“没错，让他们见识一下我们的狠劲！我们要比任何人都玩得尽兴！”

“我觉得今天早上在海边就那样走了，好冤枉。到这里，我们可不能再退缩了！”

下定决心玩到够本的我们，踏进了迷你暹罗园的大门。为了给自己火辣辣的心降温，心情愉快的我们径直走向了商店。商店里，可乐、汽水、鲜果汁的金额都贴心地用韩文写得清清楚楚，售货员也会说简单的韩语，整个购物过程非常的顺利。

干掉一杯冰爽的可乐，我们觉得应该努力地多拍些照片留作纪念。于是，我们掏出了相机，勇敢地摆起了各种POSE，完全把“丢脸”二字抛到脑后。正玩得不亦乐乎呢，忽然瞥见角落有一个为孩子们准备的小型游乐场，舟舟和我像是瞬间产生了心电感应，不约而同地朝游乐场走去。为了共同留下美好的回忆，我们将各自的相机调到了计时自拍模式，愉快地自拍起来。明媚的阳光刚好为我们打出了柔光照明，再加上游乐设施的缤纷色彩，一切都恰到好处地诠释了我们愉悦的心情。

看着自己拍下的照片，我们庆幸着在墨菲法则不断应验的今天，两个人还能在愉快的笑声中度过。

STAFF ONLY

迷你暹罗园 Mini Siam

自由女神像、古罗马竞技场、埃菲尔铁塔、凯旋门等世界文化遗迹齐聚一堂！一次在微缩文化遗迹中环游世界的旅行等待着你。在这里，孩子们可以增长知识，旅行控可以收获回忆。

地址： 387 Moo 6Sukhumvit Rd.,Pattaya CityNaklua,Banglamung,Chonburi
电话号码： 038-727-333，038-727-666 | **营业时间：** 7:00 AM~10:00 PM | **入场费：** 30 泰铢

3 Episode

东方最大的自然公园——东芭乐园！

·舟舟的故事·

Let's go to Pattaya~

*（墨菲定律是一种心理学效应，简单来说就是，当某事物的发展看似好坏参半时，它往往会朝着坏的方向发展。）
*（莎莉定律与墨菲定律刚好相反，它描述了人们常把事情往坏方向想，却出现了好结果的一种现象。）

每位来到芭提雅的游客都会想去东芭乐园游览一番。这里规模巨大，面积超过 200 万坪，是东方最大的自然主题公园。鉴于昨天遭遇了墨菲法则*，今天一大早我们就在心里祈祷能遇上莎莉法则*——今天是我们前往东芭乐园的时间。

辽阔的草原和初次见面的热带植物，让乔和我陶醉其中。无边无际的花田和各种树木渲染出的绿色，令我的心灵也变得清新起来。我这个一直生活在水泥钢筋丛林的首尔土妞，第一次见到如此陌生而神秘的景观。正张大了嘴巴东张西望的时候，忽然发现远处出现一头正四处晃悠的大象！

“啊？是从动物园逃出来的吗？那又是什么？是豹、豹子？！”

那些被我误以为从笼子里逃出的动物，把我吓得不轻。直到走近了才发现，那只是能和动物们一起合影的 Photo Zone。在这里，可以抱着大象、豹子、黑猩猩、猩猩、鹦鹉一起拍照哦！

“漂亮的姑娘！来照相吧 ~”工作人员用韩语熟练地招揽着客人。

我对一身魅惑斑纹的豹子最感兴趣，以前只在《动物王国》节目中见到过。这次能这么近距离地看到豹子，实在难以置信。听说食肉动物都很凶残，它会不会朝我扑过来呢？一位韩语流利的工作人员见我心惊胆战地站在一旁不敢上前，就安慰我说：

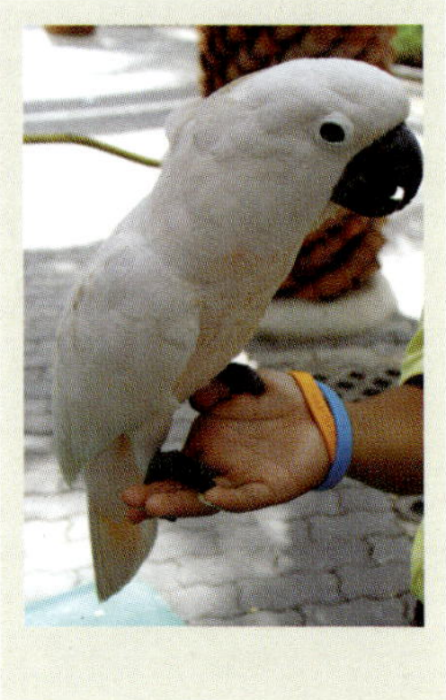

“没事的 ~ 不怕，不怕 ~”

出于对这位工作人员的信任，我向豹子稍稍靠近了些。大概是天气炎热的缘故，豹子像是睡着了，一动不动地呆在那里。

“乔！它好像小狗啊！毛也比想象中柔软……哦吼，摸摸它的脚爪吧！简直就是丝绒垫子嘛！”

一身花纹、毛茸茸的豹子，脚掌摸起来却像小狗前脚的肉垫。

我们按地图标向移动，走向一个个未知的世界——穿过郁郁葱葱的热带雨林，给湖里的鱼儿喂过食，又路过小巧精致的铜像，这时突然出现的庭院开满了从未见过、也不知名字的鲜花。

游览过那些地方后，我们来到一个配备了大舞台的剧场。

“滴沥沥沥 ~”

在那个发出奇妙的泰国传统音乐声的地方，挤满了等待演出开始的人们。似乎证明了东芭乐园的人气，世界各国的人们挤作一团。

“铛铛铛 ~”

随着雄壮的音乐声，大幕缓缓开启，身着各色各样泰国传统服装的舞女们开始了她们的表演。不知何时，舞台中心搭起了一个四方形的拳台，一场泰拳对决现场开演，为游客们展示了泰国的传统技艺。

สวนนงนุชพัทยา
NONG NOOCH
& RESORT

随后，舞台前方又出现了两头大象，它们之间进行着火花四溅的厮杀！在短短的时间里，我们欣赏到了泰国传统表演的精华。

“真精彩～现在表演结束了吧？”正这样想着的时候，其他人都一溜烟地涌了出去。生怕错过了什么的我们，也随人潮一起涌向另一个地点——那是一个有很多座位的露天舞台，足有一个运动场的大小。

“啊！这就是著名的泰国大象秀？！”

乔这个大象迷，早就等着看东芭乐园的大象秀了。“叶～”随着大象鼻子发出的号角声，表演开场了。大象们甩开巨大的脚掌，威风凛凛地走到观众席前，伸出前脚，低下了头，朝观众深鞠一躬。它们轻扭着屁股舞蹈的样子，让观众也不禁随着它们的节奏，一起开心地耸动肩膀。随后，我们欣赏到了更精彩的表演——大象篮球比赛、大象骑自行车、大象按摩、大象踢足球、大象毛笔作画、大象射靶、大象跳舞……我们惊诧于大象的聪明和灵敏，那么巨大的身体怎能做出如此精巧的动作、跳出如此婀娜的舞蹈呢？这些表演加深了我对它们的喜爱。

表演过程中，不断地有小贩穿梭在观众席间，兜售着喂给大象的香蕉。大象那大口咀嚼香蕉的萌样，看得乔两眼直冒红心，一个劲儿地朝卖香蕉的小贩招手。

“乔，你要吃香蕉吗？”

“啊……不是，我要喂大象。”

乔看看香蕉，又看看大象，她的魂已经被大象给勾走了。

“说什么呢，我们自己都没吃到呢！不行，不要买，别买！”

“Excuse me Sir. Banana Please~”

不顾我的阻挠，乔还是买了香蕉准备喂给大象。她的嘴角咧得跟香蕉一样，满脸笑容，就等着大象走上前来。刚好有大象结束了表演，朝观众走来问好！不知道是不是因为那个越来越靠近的庞大躯体让乔害怕了，她一动不动地站在那里，不敢向前，也不敢后退。

“干嘛呢 ~ 乔！大象！大象！香蕉啊！你不是一直嚷嚷着喂它香蕉的吗？现在傻眼了吧！哼 ~”

大象的鼻子靠得越来越近，我正想着它是不是冲着香蕉来的，这时“啪”地一声，乔的手腕被它的鼻子抓住了！

“啊 ~ ！”

被吓坏的乔发出了惨叫，演出场地瞬间弥漫起恐怖的气氛。

“撒度！伽马？”

驯象师用我们听不懂的泰语阻止了大象，大象似乎是听懂了，松开了缠住乔手腕的鼻子，只拿走了乔手中的香蕉。难不成是乔的手臂又白又细，被错当成了香蕉？这个只有在家庭搞笑录影带里才能见到的、让人苦笑不得的事件终于告一段落，而乔还呆在那里一动不动。受惊之余，她的胳膊还原封不动地举着。胳膊上大象留下的湿乎乎的鼻涕，还在诉说着刚刚过去的残酷遭遇。

“乔！快走吧！”

事至如此，却没有一句埋怨，看来乔对大象的爱是坚定不移了。在泰国的热带雨林式庭院里上演的这次与大象激烈握手事件，应该令我们记忆犹新吧，即便是在此次旅行结束，或者事隔多年。

东芭乐园 Nong Noock Orchid Village

这是个由无边无际的庞大庭院和满是鱼群的湖水组成的公园。在这里可以欣赏到泰国传统舞蹈、泰拳和大象秀。画画的大象、打篮球的大象、按摩的大象……大象的各种技艺十分讨人喜欢。这是个可以直接触摸到老虎、豹子、猩猩、鹦鹉，并跟它们合影留念的绝好机会！只要在酒店大堂和旅游景点加入旅行社的一日游，便可以轻松地游览这一切。

地址： 34/1 Moo 7 Tambon Najomtien Aumphur Sattahip Chonburi Chonburi
营业时间： 9:00 AM~8:00 PM | **表演时间：** 9:00 AM，10:15 AM，3:00 PM

4 Episode

比女人更美丽的——蒂芬妮秀?!

·舟舟的故事·

在芭堤雅最具代表性的人妖表演，有阿卡莎秀和蒂芬妮秀，我们在为去看哪个而犯愁。向酒店的门童打听了一下，他说阿卡莎秀规模较大，颇为壮观；蒂芬妮秀则以舞台和服装的华丽而闻名。于是，我们二话不说，决定去看蒂芬妮秀。或许是因为从事视觉设计行业的关系，比起规模，我更倾向于视觉享受。

我们在酒店大堂的旅行社预订了蒂芬妮秀。然后怀着兴奋的心情，静待夜幕降临。太阳落山的时候，载我们去看表演的巴士终于来了。大约 10 分钟后，目的地到了。在临近芭堤雅市区的蒂芬妮秀专用剧场里，有很多游客正在与结束表演的舞女一起合影。

“天啊，天啊，这些都是人妖吗？”

“瞧，那胳膊多细啊 ~”

“老天啊！真漂亮 ~ 等我们看完演出后，也要和她们拍照！”

“舟舟啊，那位姐姐的腿跟我的胳膊一样细。”

“啊，她的胸比我大多了。简直像放了两个西瓜啊！”

激动的我们走进了剧场，找到自己的位置坐下。终于，随着绚烂的灯光亮起，华丽的大幕缓缓拉开，演出正式开始。华丽的妆容、苗条的身材、曼妙的舞姿，一切都好神奇，让人有种既熟悉又陌生的奇妙感觉。这样的场面我们自然不想错过，于是我们掏出了相机。

刚想按下快门，就被不知何处冒出的工作人员拦住了。

“No Photo here, Madam.”

据说演出的主办方为了防止信息外泄而严禁拍照，乔和我都感到非常惋惜。但转念一想，这样反而更加专注地观看演出了，也未尝不是一件好事。随着音乐的变换，舞女们会换上不同的装束，出现在不同背景的舞台上。“太棒了！舞也跳得那么好！”我们一边赞叹，一边跟着音乐晃动身体。

“I want nobody nobody but You~”

咦，这首歌不是Wonder Girls的《Nobody》吗？！老天爷……她们正在模仿Wonder Girls的舞蹈呢！这场表演融合了韩国、美国、法国、俄罗斯、越南、中国、印度、泰国等国的传统音乐、舞蹈和民族服装，令观众产生了一种周游世界的奢华感受。这里倍受欢迎，不是没有缘由的！

华丽又有趣的表演刚结束，我们就朝演出场地外的中央大厅走去，那里已是人山人海。这群身着华艳礼服的姐姐不停地招徕旅客，让人群聚集在自己身边。我们挑了一位最美的姐姐，与她合影留念。

“咔嚓！”

“Twenty Baht.”

“What?”

她的一只手里捏着几张纸币，另一只手则直直地向我们伸来——她是在向我们要小费。仔细一瞧，其他人也都在与舞女合影后支付了小费！哼，怎么不早说！在支付了 20 泰铢的小费后，我们开始远距离欣赏这些舞女。

“真的好神奇。”

“她们好像比我们还漂亮呢。”

“嗯。”

泰国地理位置特殊，经常爆发战争。男人们常被征召参战，男孩们从小就和女人们一起成长；或者为了避免参战，男孩们从小就被当作女孩养大。长时间的单性别家庭教育，使得一些泰国男孩在性别辨识方面存在障碍，所以诞生了许多变性人。但不管怎么说，泰国的人妖应该属于一种心理病态——对于自己的性别归属的认知混乱……

这些比女人更漂亮的“女人”们，她们的内心世界会是怎样的呢？我们一面觉得惋惜，一面又羡慕着她们的美……在这样错综复杂的思绪中，走上了回家的路。

我们得出了一个结论，尽管听起来有些醋意：“骨子里就是女人的我们，有哪里比不上她们？我们也要努力变得更漂亮才对。加油！”

回到住处，洗过澡，我们打算睡觉。可长夜漫漫，难以入眠，又无事可做。去酒店外面逛又觉得不便，也没什么书可读，总觉得缺了点什么。好无聊。

“乔，我们玩尸体游戏吧？”

“哈……尸体游戏？我们现在不就在玩吗？——睡大觉。”

蒂芬妮秀 Tiffany's show

抛开认为人妖表演荒淫又颓废的偏见吧！美丽的 Mr. Lady 们魅力十足，世界各国的传统舞蹈都在华丽的舞台上得以逐一展现。表演结束后，还可以和舞女们合影留念。只是需注意，合影后会被索要 20 泰铢不等的小费。除蒂芬妮秀之外，还有阿卡莎秀值得一观。蒂芬妮秀在舞台效果和服装搭配等方面非常华丽，细节也很出众；阿卡莎秀则以浩大的规模为傲。请游客依照个人喜好选择观看。

地址： 464 Pattaya 2nd Rd. | **电话号码：** 038-421-700~5
营业时间： 4:30 PM（只限公休日）/ 6:00 PM / 7:30 PM / 9:00 PM

“不是，不是~不是这个。我是说拍照吧，拍得跟尸体一样。”

就此，关于尸体游戏的演讲开始了。

“尸体游戏的第一阶段是虔诚的心态——怀着‘我就是尸体’这种想法，尽量放松脖子、胳膊和腿关节。”

“像这样吗？”

“乔！你的姿势是不是摆得太漂亮了？！”

“哪有尸体嘴角还带着微笑的啊？”

“哼~！那这样对吗？”

“不行，不行~关节太紧张了。放松，放松！”

在我的严格教导下，乔渐渐化身为了完美的尸体。在“咔嚓咔嚓”的快门声里，我们怀着忐忑的心情，确认着取景器里的画面。由于找不到合适的拍摄位置，有些照片拍摄失败了，但也拍到了一些自己看着都觉得毛骨悚然的照片。

泰国的炎热夜晚，沉浸在诡异游戏中的乔和我，整个夜晚都在比冷气更阴凉的氛围中度过。

我是尸体~

5 Episode

以鸦片冬阴功汤为傲的 Mumaroi!

·乔的故事·

Let's go to Pattaya —

不知是因为这段时间玩得太疯，还是因为昨晚的尸体游戏太给力，总之今天我们想留在酒店里休息一整天。旅行期间基本上都住在设施简单的客栈里，这个时候尤其想念温馨、舒适的家。今天是在芭堤雅度过的最后一天，舟舟和我想要换一家更舒适的酒店，好好享受一番。本来想预约酒店的，可之前的行程一直安排得满满的，错过了预订的时间。今天才急匆匆地给旅行社打电话，打听酒店的位置和价格，最后在四季酒店订到了房间。

四季酒店离主干道很近，是一家世界闻名的酒店，舟舟和我都感到非常满意。简单地吃过早午餐（早餐兼午餐）后，我们赶紧启动了搬家大行动。幸好不是旅游旺季，我们才住进了能看见海景的房间。四季酒店的规模虽然不很大，但环境优雅，氛围复古。走过酒店接待处就能看见圆形的游泳池，旁边是健身房和餐厅。在我们这间能看到海景的房间里，还配备了厨具。

整理行李的空当，我打开了笔记本电脑，开始搜寻晚上的用餐地点。

“舟舟，今天是在芭堤雅的最后一天了，我们去有情调的餐厅吃晚餐吧。”

“嗯，好啊！”

某博客在推荐一家能看到大海的餐厅，博主还表示未来想和男友一起来这里共进晚餐。餐厅名叫“Mumaroi”——于是，我们毫不犹豫地选择了那里。

精心打扮了一番之后，我们走出了酒店，拦下了一辆出租车。没等泰语发音和当地人一样好的舟舟开口，就对司机说：“Mumaroi”。大概因为我的发音也不错，司机大叔一下子就听懂了，我神气地对舟舟挥挥手，示意她上车。

大约 5 分钟后，出租车忽然停在一家餐厅门前，司机示意我们目的地已经到了，可博客里明明写着有 15 分钟路程啊……门口的服务员表示这里就是 Mumaroi，我们才走进了餐厅。这里根本就看不到大海啊！只看见了一个洗澡池似的池子。

是我们搞错了，还是被当地人骗了？

以上都已经够我们疑惑的了，这里居然还没有博客里强推的菜品。虽然满心无奈，可既然都乘出租车来了，这样走掉又有点不甘……短暂地发了一会愁后，我们点了自己最爱的冬阴功汤和红蛤料理。

“嗯～味道还挺正宗的嘛——这才是真正的梦幻世界！”

Mumaroi 的冬阴功汤被称为“鸦片冬阴功”，辛辣、刺激的味道，与韩国人的口味太对路了！红蛤料理的味道也不在其下——加入甜蒜、香菜一起翻炒的配料，与红蛤微咸又鲜美滋味简直就是绝配，这让人想要来杯烧酒。虽然没能吃到博客里推荐的菜肴，但味道超赞的冬阴功汤和红蛤料理还是令我们的心情平静了下来。

我们还是有点怀疑是不是被当地的出租车司机和餐厅服务员合伙骗了。回到酒店后，我们再次查询了有关 Mumaroi 的信息。

老天爷！他们有分店！因为关于芭堤雅的美食餐厅信息实在太少，我们没想到他们是有分店的。

旅行时，会到达意想不到的地方，日程会发生变动，还会遇到陌生人……可无论如何，只要能吃到美味的晚餐，就能解开我们内心抑郁的心结。美食总能让我们的心情重新变得愉悦起来。

摸着圆滚滚的肚子在酒店里休息的状态并未持续太久。

“乔，我们去吃夜宵吧——去 Walking Street！”

“Walking Street？！”

是一条汇集了各种酒吧和餐饮店的巷子，和韩国的红灯区类似。

“啊，我可不怎么想去，我怕。”

“乔～听说那里有味道很棒的虫子，我想试试虫子的味道。”

“呃！我可不敢吃昆虫。”

“来这里旅行之前，我们不是还喝过狗肉汤吗？”

“昆虫怎么能跟狗肉相提并论？而且，那是我们为了恢复身体的元气才吃的嘛。”

“那还不是一样……虫子对身体也很好啊。”

最终我们还是决定要为剩下的旅程吃点补品。走出酒店，来到 Walking Street 的我们，开始在繁华的街道里寻找贩卖昆虫食品的商店。跟路过的当地人打听之后才知道，在百货商店就能买到。我们依稀回忆起昨天好像在百货商店的地下食品柜台见到过……舟舟还说百货商店里出售的昆虫食品似乎是高级货。

两个为了寻找昆虫食品而走遍 Walking Street 每个角落的吃货，最终还是只欣赏了这里的香艳招牌。打道回府吧～

Mumaroi

这是一家为泰国迷所熟知的餐厅，海鲜料理味道一流。特别是这里的冬阴功汤，绝对是美味中的美味。无论是本店还是分店，都以出色的味道和新鲜的食材而闻名，因此门庭若市。特别是能一边欣赏海边的日落一边享受美食的本店，由于人气太旺，如果不事先预订座位，就吃不到哦。

分店地址： 02/15, 15/16 Moo 6, Pattaya 3 Rd., Banglamung
电话号码： 038-414-801 | **本店地址：** 83/4 M2 Naklua Banglamung Chonburi
电话号码： 038-223-252 | **营业时间：** 12:00 AM~12:00 PM
预算： 60 泰铢

也许是因为寻找昆虫食品的任务失败了，我们开始觉得腹中有些空虚。为了能做点搭配啤酒的简单夜宵，我们从酒店旁边的便利店里采购了一些食材。自从在清迈参加了烹饪课程以后，舟舟就沉醉于泰国料理，非要为我做一顿泰式佳肴！心灵手巧的舟舟“咔嚓咔嚓”手起剪落，再用胶带粘了几下，一顶厨师帽就这样诞生了，舟舟顿时化身为料理师！

由舟舟打造出来的 Thai fried noodle with Chicken （泰式鸡肉炒面）和 Egg soup（蛋汤）看起来挺不错的。我咽了一下口水，用叉子卷起一团炒面放入口中。

“……呃！舟舟，不好意思，我不太饿，你都吃了吧！”

舟舟露出了失望的表情，她努力做出来的食物，我却不想吃。尽管我也感到抱歉，可我实在是无法下咽……幸亏舟舟自我感觉良好，而且把我的那份也收拾掉了。

我们大口喝着啤酒，分享起这次旅途中的点点滴滴，有了些薄薄的醉意。心情渐渐高涨的我们，开始觉得就这样度过芭堤雅的最后一晚有些惋惜。

“舟舟~我怎么觉得有点可惜呢……”

“说得是啊~大概是我吃得太多了吧，有点不消化，想活动活动。可时间有点晚了吧？”

“嗯，懒得出去了……我们去酒店的游泳池里游泳，怎么样？”

“好啊！”

翻出比基尼泳衣换好，带上入住酒店时领到的“Welcome Drinking”免费饮料券，我们像夜猫子一样轻手轻脚地出门了。也许是因为在漆黑的背景下被灯光照亮的缘故，游泳池里的水闪闪发光，和白天看到的气氛截然不同。

为了不让自己的醉意降温，我们各自拿了一杯伏特加和鸡尾酒走进了泳池。一边游泳一边欣赏夜空，简直浪漫到了极点。游泳中间喝下去的那杯伏特加，让我有种置身云端的飘飘然之感。为我们奉献了了最后一个迷人夜晚的芭堤雅，令人难以忘怀。

四季酒店 Four Seasons Place

这是一家具有古典风格的酒店。有独立的卧室和客厅；所有客房都有厨房和简单的炊事用具；小巧而精致的游泳池位于酒店正中央；还有迷你班车通往曼谷方向的巴士站。

地址： 341/44 M.P Pattaya city, Nongpurue, Banglamung,Chonburi
电话号码： 038-486-449 | **预算：** 双人间 3500 泰铢起（淡季有促销价）

舟舟和乔推荐的店

→→ Pattaya

★★★★ 4/5

1.Central Festival

汇集了 Mango、Miss Sixty、Topshop 等香港和泰国的本土品牌，是集餐饮、娱乐、电影院为一体的综合购物中心。时髦的装修和巨大的规模，深受女性顾客欢迎。尤其是这里的美食街和西餐厅，食物美味，价格合理，已成为许多游客购物、休闲的首选之地。

地址 Pattaya Beach 333/99 M.9 Banglamung

电话号码 026-351-111

营业时间 G Floor（0 楼）11:00 AM~12:00
1 楼 ~6 楼 11:00 AM~11:00 PM

★★★★ 4/5

2.BENIHANA

是家能一边欣赏主厨的精彩铁板厨艺秀，一边享用热气腾腾的现烤菜肴的日式铁板烧店。餐厅的一旁设有寿司吧，可以搭配着铁板烧一起食用。

地址 2F Royal Garden Plaza

电话号码 038-425-009

营业时间 12:00~10:00 PM

预算 海鲜，牛排 800~1600 泰铢

★★★ 3/5

3.Apex Hotel

可以用客栈的价格享受到 2 星级服务的酒店。由于使用的年份较久，这里略显陈旧，但在物价高昂的芭堤雅，这里算是价廉物美的住处了。所有的客房均配备了电视机、空调和冰箱，酒店内部还设有小型游泳池和旅行社。步行至 Central Festival 只需 5~10 分钟路程。

地址 216/2 Thanon Pattaya 2

电话号码 038-428-281~2，038-429-233

营业时间 apexhotel@hotmail.com

预算 500~600 泰铢

舟舟

1名

适合旅行穿的
Topshop 碎花连衣裙
800 泰铢

乔

2名

Central Pattaya Beach
购入的华彩刺绣手袋
120 泰铢

3名

购于 OutletMall
200 泰铢

乔

4名

路边摊买到的
异国情调夏威夷半身裙
180 泰铢

舟舟

5名

购于泰国的诗菲小铺
Beauty Buffet
适用于派对的假睫毛
100 泰铢

舟舟

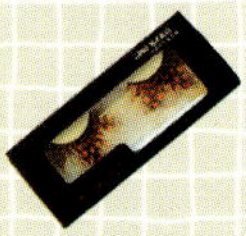

6名

乔

从 Walking Street 的精品店购入的耳环

各 30 泰铢

7名

舟舟

购于书店打折柜台，一本插图精美的《和男人一起生活的方法》

120 泰铢

8名

吸血鬼獠牙模样的软糖

10 泰铢

乔

9名

与舟舟的气质超搭！金牌巧克力和奶嘴模样的糖果

60 泰铢

舟舟

10名

大号酸奶

10 泰铢

乔

BANGKOK

Part 4

曼谷

泰国的政治、经济、文化中心，人口超过千万的大都市，同时也是世界背囊旅行的中心地。220 年以来一直是泰国的首都，在泰语中被称为“Krung Thep”，意为“天使之城”。之所以现在被称为“曼谷”，是因为吞武里时代的“Bangkok”这个词被西方人所熟知，并沿用至今。

考山路怀旧商店

Let's go to Bangkok

水门
暹罗艺术文化中心
特易购
暹罗中心
暹罗
考山路
暹罗设计酒店
中国城
暹罗广场
MBK
MBK中心
水上市场
曼谷东方酒店
LUb.d
钟那席站
郑王桥站
东方
SIROCCO

曼谷地图

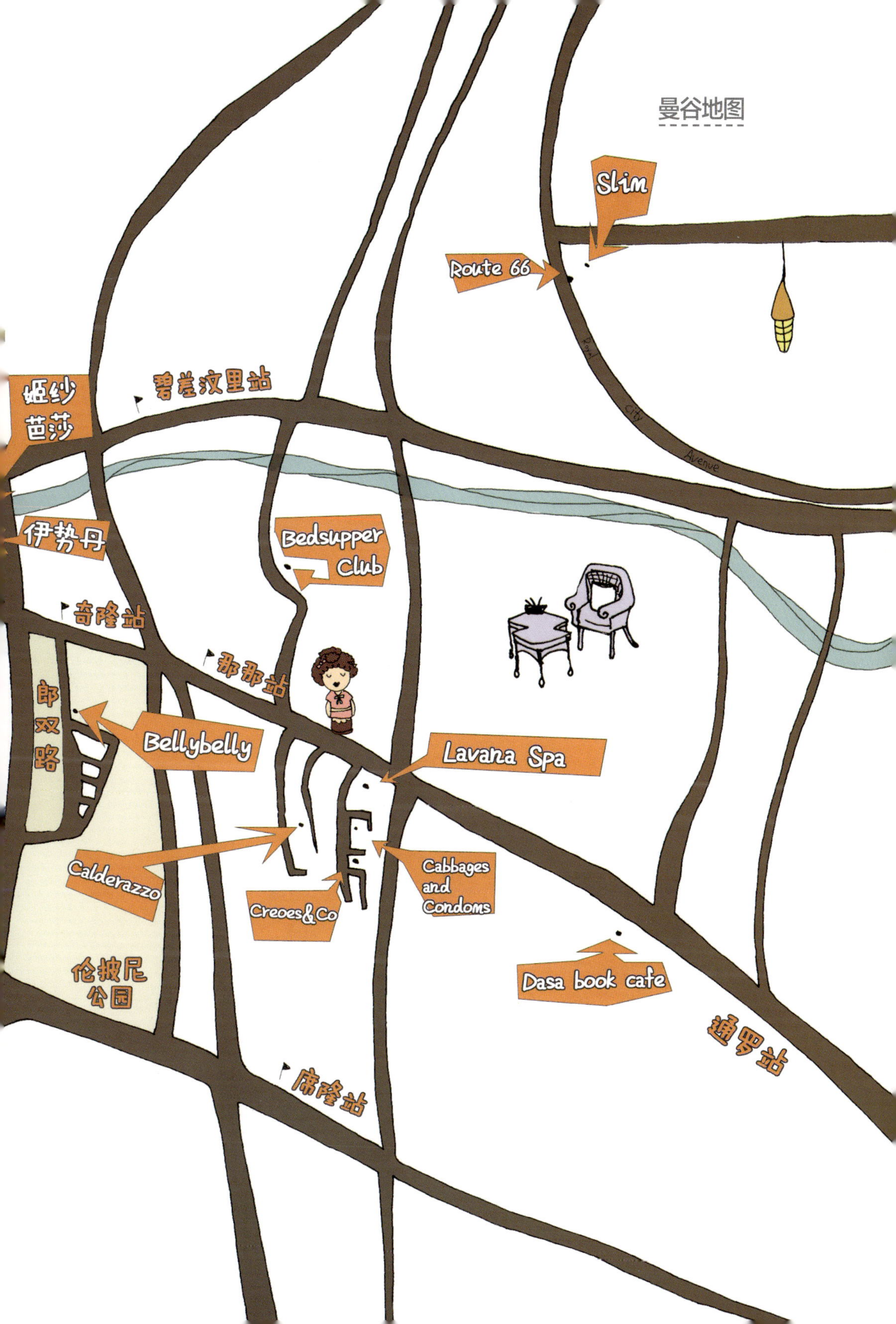
Slim
Route 66
Royal City Avenue
碧差汶里站
姬纱芭莎
伊势丹
Bedsupper Club
奇隆站
那那站
郎双路
Bellybelly
Lavana Spa
Calderazzo
Creoes&Co
Cabbages and Condoms
伦披尼公园
Dasa book cafe
通罗站
席隆站

轻轨（BTS）和地铁（MRT）路线图

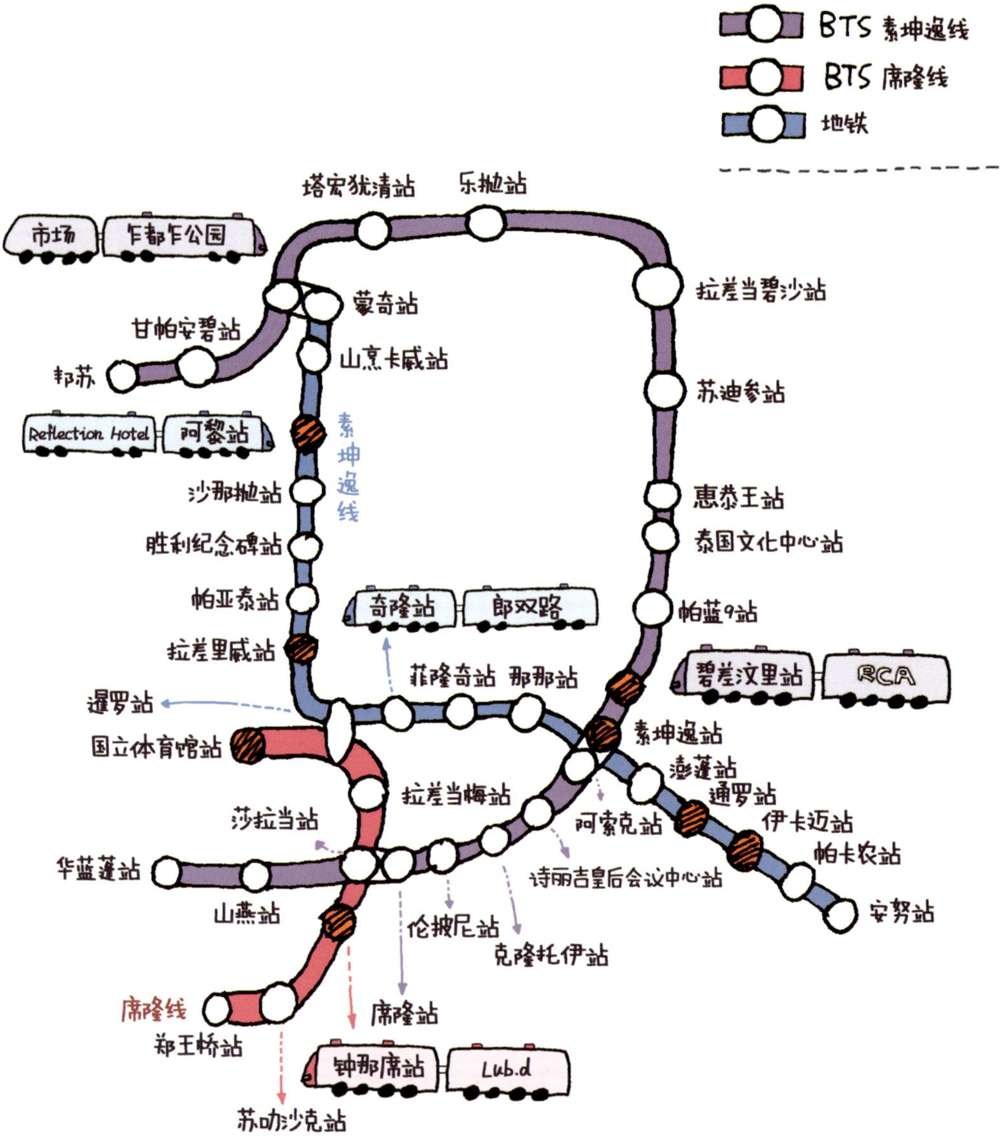

 和  共度的曼谷日程

期限：8天7夜

- □ 解决在卢巴酒店停留期间留下的脏衣物
- □ 周游考山路
  （在东方酒店享受下午茶；在 Na 沙龙看乔变身雷鬼头；街头购物 go go go！）
- □ LAVANA 的曼谷按摩
- □ NANA 站，Cabbages & Condoms 餐厅用餐，在 Bedsupper Club 享受夜店派对
- □ 暹罗地区购物
- □ Slim Club
- □ 乍都乍周末市场购物
- □ 朗双路购物
- □ 在风景很好的 SIROCCO 星空餐厅享用晚餐
- □ 水上市场享用自助餐
- □ 曼谷文化艺术中心

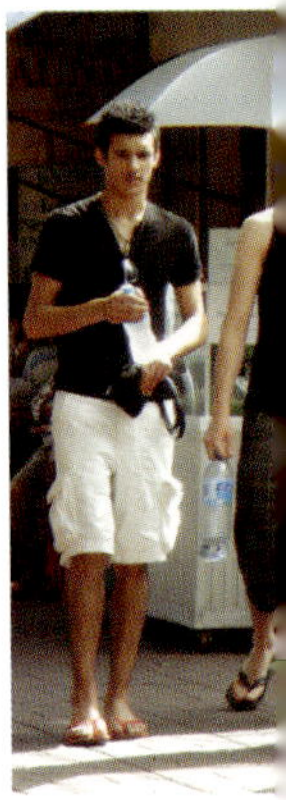

El conde de
Montecristo
GRIMES
Bht 100:-

กระหาย?

1 Episode

“优质”的卢巴酒店！

·舟舟的故事·

Let's go to Bangkok—

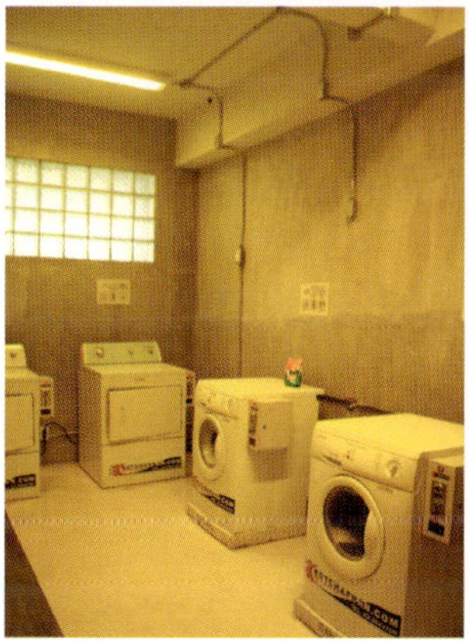

Lub.d Hostel

在全球年轻旅客中人气满分的地方。由于干净、整洁且服务热情，人气不断上升。这里的每间客房都提供了免费网络，配备了可上网的电脑和桌游。旅馆还设有可投币洗衣机、DVD 房，客人们可以在这里舒适地休憩。不足之处是与其他旅馆相比价格较贵，且位于城市外围。

地址： 4 Decho Rd., Suriyawong(Sofitel Silom 和 Narai Hotel 之间的巷子 /BTS:Chong Nonsi)
电话号码： 026-347-999
预算： 宿舍 700B（1 人标准）/ 女性专用宿舍 800 泰铢 / 双人间 1400 泰铢 / 单人间 1800 泰铢

2 Episode

在考山路度过幸福的一天！

·乔的故事·

Let's go to Bangkok —

“乔，起来了吗？已经9点半了。”

“嗯。啊~啊~好累。”

“嘴里有点干，今天不想吃干干的土司了。”

“那我们去享受一下下午茶，当做早午饭，怎么样？听说这里有个有名的地方。”

“噢~好啊，好啊。”

“下午茶”原本是英国的一种茶文化——人们在晚餐前或者傍晚，为稍感饥饿的肚子奉上司康饼、巧克力、蛋挞等可口的甜点。女人们通常都会把自己想象成一位窈窕淑女，坐在典雅的餐桌前，心满意足地享用精致的糕点。曼谷可以享用下午茶的地方较多，较著名的有四季酒店、半岛酒店和东方酒店，我们决定去网络推荐最多的东方酒店。幸好那里离住处比较近，我们选择乘坐嘟嘟车。

直到目睹酒店服务生为前面的出租车开门的那刻，我们才猛然意识到选乘嘟嘟车来高档酒店用餐是个多么愚蠢的决定。嘟嘟车停下的那一瞬，舟舟和我迅速地掏钱结账，匆匆走进酒店。

大概因为离下午茶时间还早，我们幸运地找到了座位。在身着漂亮泰国传统服饰的女服务员的带领下，我们来到了一处视野最好的位置落座。四周都能听到日语交谈声，日本大婶果然也稀罕这种优雅的用餐氛围，那盯着菜单的激动模样，犹如高中女生一般。

“晕，乔，这里真贵。”

“是啊，套餐要 950 泰铢？ 35000 韩元……”

价格比我们想象中贵，所以有些惊讶。但考虑到高档的用餐环境和可以一次性解决早午两餐用餐问题，还算能勉强接受。我们点了一个下午茶套餐，并追加了一杯茶。

在无聊的等餐时间，我们拿出了相机，开始按动快门。就在我们起劲地为彼此拍照的时候，柠檬冰沙被送了上来。刚享用完凉爽的沙冰，又看到服务员端着盛满司康饼、三明治、蛋糕等精美糕点的三层托盘款款走来。待服务员走进，我们才明白了套餐价格偏贵的原因——三层托盘的最下面那层装有三明治，中间那层装着酥饼、苏芙蕾、蛋糕，最上面的那层有多种司康饼，还配有柑橘、草莓、玫瑰叶子酱和浓缩奶油。搭配着香浓的红茶，我们得以享受了一顿清新、舒爽的下午茶。

美美地饱餐一顿后，我们决定前往最期待的考山路。在泰国坐过三轮摩托车、双排车、公共汽车，去尝试一下陌生的水上巴士也不错嘛。于是，我们向东方酒店旁边的水上巴士站走去。在巴士站一问价格居然要 600 泰铢，可我们刚才明明看到当地人用铜钱就可以乘坐……

“什么啊？太过分了。要付600泰铢的话，我们干脆坐出租车吧。”我们一边嘟囔一边招了辆出租车，没过多久就到了考山路。穿着泰国特有的渔夫裤和松松垮垮的背心，拖着长长雷鬼头辫子的外国背包客不时进入我们的视线。

“舟舟！我想做雷鬼头。”

“什么？今天？你头发有点短，可以做吗？应该会很疼吧……”

曼谷东方酒店 The Oriental Bangkok

白色系的装修展现了迎合女性审美的端庄、优雅。提供苏芙蕾、三明治、司康饼、小饼干、冰沙、巧克力等多种点心搭配的下午茶，可以一饱口福。
似乎是日本旅客的著名观光行程之一，几乎有一半的客人是日本人。

地址： 48 Oriental Ave, Bangkok(BTS:Saphan Taksin)
电话号码： 026-599-000 | **营业时间：** 12:00~6:00 PM
预算： 套餐 950B 每份

打造雷鬼头造型一般需 2~3 小时。为了做头发，我们先后比较了好几个地方，大部分顾客都是坐在路边摊一样的椅子上等待编发，价格在 800~1500 泰铢之间不等。我们选中了造型做得最好的大婶，然后和她讨价还价。她开价 800 泰铢，答应为我贴上假发并在 2 小时内超速完成。我们皱起眉头表示贵了，其实心中暗喜居然只用 3 万韩元，比起韩国的理发店，这里便宜了 10 倍！幸运的是，那家路边摊在附近有一家店面，我们可以不用流着汗做头发了。

在我做头发的时候，舟舟环顾了一下店里，看到了彩绘和纹身，眼神立马放起光来。

“乔，我做个纹身怎么样？”

“什么？纹身？没关系吗？”

舟舟的性格一向很外向，说不定还真会做。

“舟舟呀！好像还不是时候，你再想想吧。身体发肤，受之父母，怎么也得问问父母的意思吧？”舟舟一听到“父母”这个词就呆住了。对像窈窕淑女柳智仁一样长大的舟舟来说，这可能会是人生中的一件大事。不知是不是因为感到惋惜，舟舟在看了一会漂亮的纹身图案后，说了一声“我出去逛逛”，就走出了店面。

两位姐姐在我的头顶以精湛的手法开始编起了辫子，她们的速度快到令我叹服。因为头发的长度不够，需要边贴假发边编辫子，看着那渐渐变化的发型，我感到满足。这时，舟舟回来了。

“乔！你的发型是我见过的发型中最棒的。”

换了个发型，心情也跟着变好了。为了请等待了那么久的舟舟吃顿美味的晚餐，我们离开考山路，开始寻找餐馆。

不知不觉间夜幕悄然降临，街上各处华丽的灯饰和霓虹招牌逐一亮起，曼谷呈现出与白天截然不同的繁华世界。华丽的夜景中，来自世界各国的人们举着酒杯，欢畅地一饮而尽。正东张西望考虑吃些什么的时候，巷口处一家怀旧风格的小店进入了我们的眼帘。我们暂时忘记了肚中的辘辘饥肠，中邪一样走进了商店。不知来历、年份的CD、LP、衣服、鞋子、包包、玩偶等商品塞满了店铺的货架，其中一台包着棕色皮套的老式自动相机引起了我的兴趣。生平第一次见到这种上世纪70年代生产的皮革略显老旧的奥林巴斯相机。9000泰铢约合30万韩元，这是我所购买的东西中最昂贵的，但总觉得如果这次不买会后悔一辈子。拿到奥林巴斯的一瞬间，心情好像拥有了全世界，觉得很幸福。

“奥林巴斯，我怎么现在才遇到你，以后我会很疼你的。”

Digital
HIP HOP
R & B
ROCK
OLD SONG
NEW ALBUM
MIXS
กระหาย?

TAXI

BURGER KING
OPEN 24 HOURS
BURGER KING

Na Salon

电话号码： 087-939-3131 | **营业时间：** 9:00 AM~2:00 AM
预算： 雷鬼 1500 泰铢 / 脏辫 1800 泰铢 / 玉米垄 800 泰铢 / 爆炸头 1500 泰铢

Hippie
Gallery

3
Episode

放松全身的泰式按摩及避孕套!

·舟舟的故事·

Let's go to Bangkok

“舟舟啊，今天吃完早餐后，我们去做次按摩吧？缓解下这段时间的旅途疲劳。”

“别人碰我的身体，我就会觉得痒。我在旁边看好了，你一个人做吧。”

“那样没关系吗？”

“嗯，只是围观的话，应该也会很有趣。”

我们揉揉眼睛，随便洗漱了一下。在住处附近的餐馆简单地吃完早餐后，慢悠悠地出去拦了辆出租车前往按摩店。

提到泰国，泰式按摩必定是大家联想到的关键词之一。说到“泰式按摩”，某些人可能会认为是色情的小姐对大叔嗯哼哼（？！）的堕落文化，其实那只是部分地区的不良现象而已，在泰国还是以缓解身体疲劳的正常按摩店居多。

地铁阿索可站或素坤逸站附近的 LAVANA SPA 给人以高档度假村一般的整洁感觉，在日本游客中人气颇高。今天乔要做的按摩名称是“泰式按摩和草药球热敷”，850 泰铢每 90 分钟。与其他大部分观光地 150 泰铢 ~250 泰铢的价格相比可能有点贵，但相比韩国的按摩店来说已经很便宜了。

泰式按摩因使人从脚趾头到头顶全身各处都无比舒服而获得美誉！终于要开始了。我暗自盘算着要仔细观察清楚，以后对男朋友撒娇的时候也可以依样画瓢，于是两眼放光地关注着整个按摩过程。皮肤黝黑的泰国大婶先帮乔洗了脚，不知是不是将脚浸在水里的感觉很舒服，乔露出了些许微笑。大婶擦去了乔脚上的水珠，利用手掌和指骨关节在乔的脚底和脚趾之间进行指压，接着从脚踝移动到小腿肚，再到大腿的内侧、外侧。‘啊 ~’乔轻叹了一下。因整天奔波而变紧的腿部肌肉得到了放松，乔感到很舒畅。

就这样从乔的腿部一直到上身都用力按摩了一阵，大婶突然站起来走了出去。没过多久，她又回来把各种对女性有益的草药放在丝绸里捏成圆形，然后像蒸馒头一样放在蒸笼里蒸。直到草药球变热后，再将它放在乔的背部、颈后和腰椎的几个穴位上……草药散发的香气，让我后悔自己没有也做一个。

敷完后，大婶让乔坐起来，伸展她的后背和胳膊，不停地进行拍打。持续一个半小时的按摩终于结束了，乔用泰语说了“谢谢 ~”，然后将按摩费和小费递给大婶。

刚刚乔耷拉着肩膀进按摩店的模样已经完全找不到了，可以说简直是进厕所和从厕所出来的区别！

按摩结束后，店里还免费提供了泰式草药布丁。用勺子挖一勺放进嘴里……嗯，梦幻的味道！

“舟舟啊，嘴里吃了点甜食，是不是感觉肚子有些饿了？”

“嗯，我好饿！”

“听说这附近有一家超棒的餐馆。”

“是嘛？是什么餐馆？”

“嘿嘿 ~ 就跟我来吧。”

乔意味深长的笑容，让我心情跟着激动起来。

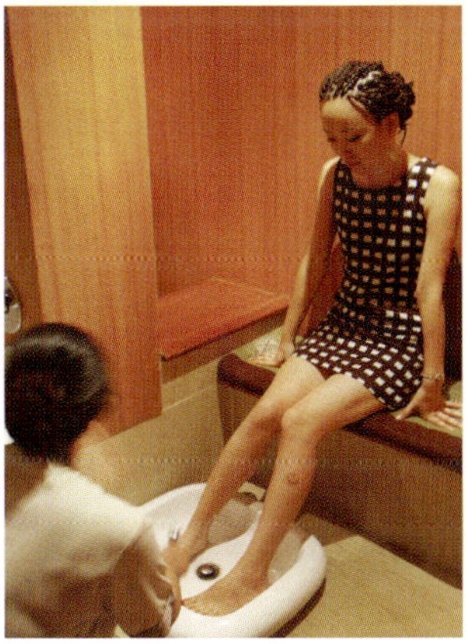

LAVANA BANGKOK

地址： No4. Soi Sukhumvit 12, Sukhumvit Rd., Klongtoey, Bankok
（BTS:Asok 2 号出口 / M.R.T:Sukhumvit 3 号出口）
电话号码： 022-294-510 | **营业时间：** 9:00 AM~2:00 AM
预算： 泰式按摩 60 分钟 450B / 90 分钟 550B / 120 分钟 650B
泰式按摩 & 草药球热敷 90 分钟 850B / 120 分钟 650B
精油按摩 60 分钟 700B / 90 分钟 900B / 120 分钟 110B

“哇。那些都是避孕套吗？！”

“真的很像《世界上竟有这种事》或《TV 特种震惊世界》之类的节目里介绍过的餐馆。”

“你看那个用避孕套做的圣诞老人。他耷拉的胡须是用白色避孕套做的。哈哈哈。”

餐馆的装修竟然是用避孕套做的……构思果然很符合泰国开放的性文化。这里有用避孕套做成的超人、神奇女侠、花、鸡、灯罩及拿着避孕套的蒙娜丽莎等等。好奇的我和乔只顾着鉴赏各种用花花绿绿的避孕套做成的装饰品，把肚子饿的事都忘记了。

对于身为陈设艺术家的我来说，用避孕套做的各种手工艺品真的很新奇。暗暗考虑回韩国后我要不要也用避孕套制作一个作品。与刚踏入这家餐馆时的尴尬不同，我们马上适应了这些避孕套，学习了避孕套的种类和作用，对安全的性生活有了了解。观看了很久的我们这才坐了下来，点了菠萝炒饭和冬阴功汤，很快就吃完了。食物的味道也是上品，不比新奇的装修逊色，让原本不抱期待的我们感到很惊讶。

“一般这种主题餐厅的食物味道都不怎么样，但是这里的味道真不错。”

“恩恩。冬阴功汤酸酸甜甜的，很浓郁。炒饭也很好吃。”

“是啊，在泰国几乎没遇上菠萝炒饭做得好的店。清爽的菠萝果汁渗透进了炒饭里，味道真是绝了。哇~”

Cabbages & Condoms

地址：10 Sukhumvit Soi 12(BTS:Asok 2 号出口，巷子内 200 米距离）
电话号码： 022-294-610 | **营业时间：** 11:00 AM~10:00 PM
预算：150 泰铢起

这家装修别具一格、菜肴爽口的餐馆是我最想推荐给大家的。

我们拍拍填饱的肚子，怀带着满足的心情准备去结账。

“啊！”

结算台上不是放着免费的糖果，而是放着免费的避孕套！餐馆老板宣传安全性生活的理念一直持续到结账离开的位置。

“做了按摩，也填饱了肚子，是不是该正式玩一玩了？”

“嗯？”

“去夜店吧！”

“啊噢～！好啊。既然已经来了 NaNa 站，我们就在这里玩得尽兴吧！”

按摩店和 Cabbages & Condoms 所在的 NaNa 站有一家著名的 Bedsupper Club。以前在探索频道《世界的夜店》节目中看到这家夜店把床作为主题，设置成舞蹈会场，受了不小的冲击。后来歌手 Rain 的《Rainism》MV 也选择了这里进行拍摄，引起了很多韩国夜店玩家的兴趣。“夜之女王”舟舟大人终于要驾到了，期待吧！

让人联想到宇宙飞船的圆形外观散发出一种神秘的感觉，似乎通宵律动就会飞向天空一样。

“舟舟，这里就是著名的 Bedsupper Club。”

“噢～真不错。这地方和我征服宇宙的梦想很符合啊。我们就先征服 Bedsupper Club 吧，啊哈哈！”

进夜店前，心情就有点小激动。将优质型男排成的队伍甩在身后，我们向门卫出示了护照，并支付700泰铢的巨额入门费。入口被分作两类，门卫将我们带进了靠右侧的门。夜店的主舞台是一般餐馆里随处可见的椅子和桌子，2楼是白色的床和舒适的装修。

“不是说能躺在那里玩吗？什么啊~不是都满座了嘛。切~”

用蔓越莓味的伏特加润了一下喉咙后，我们看了下四周。这里还是以观光客样子的外国人为主，我们在其中稍微动了动身体。

“舟舟，不好玩吗？表情怎么那样？”

“2楼好像是VIP包厢，但那里挤满了人，又不能过去……我也想坐在VIP包厢里。哼~我先去一下洗手间。”

从洗手间出来正慢吞吞地走回主舞台，一个酒保向我搭讪。果然我的美貌还是管用的！

“Hi? How are you?”

“Um~ Bad.”

“Why? What’s wrong with you?”

“There is no bed seat.I want to go home.”

听完我的话，酒保神秘地笑了一下，把我们领去了某个地方。

“Come on!”

“什么啊？是要给我们牵线吗？”

“舟舟，这家伙带我们去哪里啊？”

他带我们去的是入口处靠左的那扇门。

“You will see another heaven.”

“Oh~ my god.”

没错。他带着我们来到了一个新的世界！

充斥着震动心脏的音乐，所有的座位都由白色的床和枕头堆砌而成的 Bedsupper Club。

“这里是 Rain 跳舞的地方！”

比起对面的舞台，这里有更多身材惹火的美女和养眼的帅哥。原来我这在泰国也通用的美貌，把我们带到 VIP 包厢了啊。

因为这里与刚刚的氛围完全不同，我和乔的嘴角都要扬到天上去了。有人表演了华丽丽的霹雳舞，也有人在上面搞笑地晃动手臂和腿，他们和因在意别人的视线而小幅度跳动步伐和别扭地拍手律动的韩国男人完全不同。让人转不开视线的绚动舞蹈，以及彼此之间奇妙的互动，这里是真正的天国！

受到免费鸡尾酒招待的我们沉醉在酒里，沉醉在这氛围里，沉醉在愉悦的心情里，连手表都没顾得上看，就这样畅玩了一夜。

Bedsupper Club

获得全世界时尚人士喜爱的 Bedsupper，在韩国国内因 Rain 的《Rainism》MV 而被熟知。出入口分为左、右两个部分，可以直接通往 bed bar 和看台。每周不同的时间会举办 Funky 派对、同志派对、模特派对、Techno 派对等，还会举行各种艺术活动和展示会，可以提前访问官网进行确认，选择喜欢的活动进行参与。

地址： 26 Sukhumvit Soi 11, Sukhumvit Rd., Klongtoey-nua, Wattana, Bangkok (BTS:Nana)
电话号码： 026-513-537 | **营业时间：** 9:30 PM~2:00 AM
预算： 500~1000 泰铢

4 Episode

在 Slim 夜店 没能尽兴的夜晚!

·乔的故事·

Let's go to Bangkok ~

“啊～，睡得好吗？舟舟。”

“嗯。我饿了。昨天在夜店活动了下筋骨，现在饿了呢。”

“是啊，我们快点洗漱完，出去吃饭吧，已经11点了。啊！我们去暹罗百丽宫吃饭、购物吧。”

“好啊好啊。曼谷有很多购物中心，真适合购物。今天就开心地购物吧！”

我们先出发前往了泰国最棒的超大型购物中心——暹罗百丽宫。暹罗百丽宫是集最新流行品牌卖场、人气餐馆、大型剧场、1500平米的“东方最大水族馆”暹罗海洋世界等为一体的综合性购物中心。这里常常举行大大小小的活动，韩国人气组合BigBang也曾在这里进行过宣传。到达暹罗百丽宫后，我们正打算开始逛，突然看到有个地方聚集了很多人，好像是在举行活动。忍不住好奇心，我们挤进人群一看，原来是亮闪闪的大头天使小布。在韩国从没见过这么华丽的大型小布活动，尤其是在购物中心……在泰国不管去哪个购物中心，小布的周边产品随处可见。不只是玩偶，还包括衣服、道具、装有玩偶的包包、印有小布图案的各种商品。仔细观察了一下活动现场，这里设置了各式各样的布景，可以让粉丝们亲自变身小布，还有像小布一样漂亮的姐姐们供大家拍照。

我们是谁啊？！和小心翼翼地摆着扭捏姿势拍照的当地人不同，我们要像小布娃娃那样努力摆出可爱（？！）的姿势开心地拍照。

“啊～，肚子好饿。说好了要去吃饭的，结果又在这里拍照。”

“就是啊，快点去吃饭吧。舟舟，我们昨天玩得很开心吧？”

“嗯。Bedsupper 一定要在 bed 上玩才行。”

“听说这里也有一个火热的夜店……今晚去看看怎么样？”

“真的吗？！好啊。那我们吃完饭就回住处吧，要换裙子啊。”

我们在购物中心里边的美食广场吃了很诱人的三明治，然后又回到了住处。今天我和舟舟也为了度过火热的夜晚开始使劲打扮。

舟舟在原本就很大的眼睛上贴上了假睫毛，再涂上了睫毛膏，画出了像米老鼠一样浓密的睫毛，再用卷发器将刘海和发尾都卷了

TIP 购物前需做的准备！

1. 舒适有范儿的鞋子

这是最难也是最重要的部分。所有造型的基础都是鞋子。歌手徐仁英也说鞋子能为自己的造型加分，皮鞋是她的孩子。

2. 带尽量大的包，最大减小所购商品的体积

由于采购来的商品数量会一直增加，所以需要准备大包，尽量减少行李重量，而且不管是微小的东西还是大件的商品都可以装入。

3. 列出所需物品

虽然泰国的物价不高，可买着买着皮夹就空了，所以要列出购物清单。我个人对在国外以鞋子、包包为主的购物项目，最不感到后悔。

4. 定下路线

暹罗有很多百货商店和购物中心，因此要有效地分配时间。不喜欢的地方就果断略过，但是如果有自己喜欢的牌子就另当别论。百货商店一楼的咨询台可以拿到小册子，上面写有品牌信息，可以作为参考。

SIAM PARAGON

Blythe

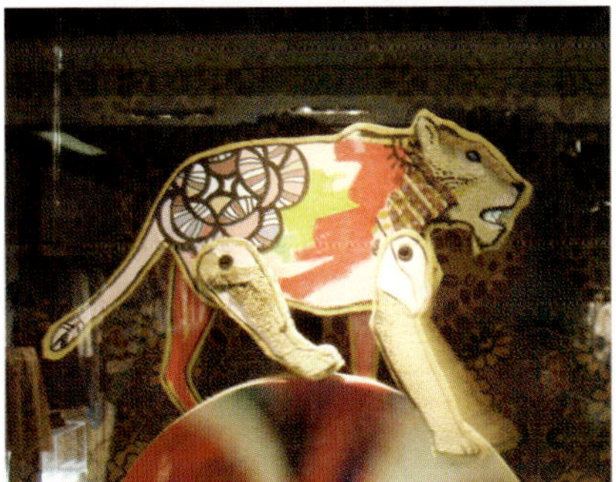

一下。我也不能认输，我画了厚厚的眼线，再涂了几层睫毛膏，尽量让它们看起来浓密些。但好像还是赢不了舟舟的睫毛。

装扮好的舟舟和我往夜店和酒吧密集的 R.C.A 街走去，那是韩国清潭洞、狎鸥亭时尚人士推荐的地方。这个地方大概真的很有名，街上每家酒吧都传出了不同风格的音乐，随处可见穿着令人晕眩的高跟鞋搭配着亮闪闪服装的女人以及从进口车上下来的男人。我们犹豫着该去哪家夜店，最后选择了帅哥最多的一家。Slim 夜店的华丽装修和强劲音乐让我们的身体不自觉地律动起来。

“晕，乔，看来我们昨天玩得太畅快了，今天有点累呢……”

“是啊，是因为我们昨天玩到半夜吗？连续两天看来有点累了。”

“去年每周五、六、日去夜店也都没事呢……”

“我们明年就 30 岁了嘛。现在要开始调理一下身体了。”

其实昨天我们从晚上 8 点至凌晨 2 点，足足玩了 6 个小时，直到凌晨 2 点多要关门的时候才出来。今天来夜店还没到 1 小时，就觉得全身酸疼，胳膊和腿一动就觉得沉重。舟舟和我只好一边约定下次再来，一边离开了夜店。

CLUB Slim

地址： Thanon Rama 9 (BTS:Asok, Phrom Phong / MRT:Pharm 9)
电话号码： 022-030-226~8 | **营业时间：** 7:00 PM~2:00 AM

5 Episode

集贸市场 &
乍都乍周末市场!

· 舟舟的故事 ·

Let's go to Bangkok →

这个地方让人联想起“该有的都有~不该有的都没有~集贸市场~”这首歌。这里集合了超过1.5万家商店，只要世界上存在的东西这里似乎都有。虽然坐出租车或者嘟嘟车都可以，但泰国交通堵塞犹如停车场，那么选择畅通无阻的轻轨应该是个不错的选择吧？坐轻轨（BTS）在蒙奇站下车，或者坐地铁（MRT）在甘帕安碧站下车，人流涌向的地方就是乍都乍市场。和破旧的外部不同，走进市场里面，会看到各种各样令人眼花缭乱的东西。如同石榴一般，在凹凸不平且坚硬的表皮里边藏着一颗颗如同红宝石般发光的石榴仁。

虽然有顶棚，没有空调的传统市场还是免不了热气阵阵。啊~觉得疲惫炎热的时候，吃点甜甜的零食稍作休息也是个好方法。除在韩国也常见的香肠或鱼糕串、迷你披萨、华夫饼外，泰国特有的食物——恶心的昆虫烧烤、香蕉蛋糕、各种热带水果也诱惑着我。

“好多东西都想吃……我们吃什么呢，乔？”

“啊~，热死了，我一定要吃凉爽的！”

“嗯~？看那边。乔，那个好像是冰棍机。”

在奇怪形状的铁桶里放入红、橙、黄、绿、蓝、锭紫各种颜色的色素，再把糖水冻结成冰棍！

好像第一次吃这种怀旧又有范儿的零食，吮了一口粉红色的冰激凌，疲劳马上像雪一样融化了。结束购物后，我们在市场旁边的乍都乍公园坐下，拿出买下的所有东西。这个买得真值，这个在韩国也能买到，这件衣服穿去夜店一定超赞……我们俩像在参加《100 分讨论》那样兴奋地讨论着各自买到的东西。正聊得起劲，饥饿感突然本能地苏醒了。

“肚子好饿。乔！午饭吃点什么呢？不知道是不是因为跑了一整天，肚子好饿。”

“是啊，真的好饿。有没有什么量多又好吃的东西呢？”

“噢～乔，看那边！”

明明是火锅店，却有一个像寿司店一样的传送带。

“是既卖火锅又卖寿司的店吗？”

“不是，不是。看看那些人，在把盘子里的菜品放进锅里煮。”

“呜哇。真新鲜……第一次看到这种东西。舟舟！我们去挑战一下吧，OK？！”

“OK！”

因为逛市场而忘记饥饿的我们迫不及待地走入这家火锅店——正是生平第一次见识到的旋转自助火锅！这里的规矩很简单——交完入场费即可入座；在规定时间内，可按自己的口味选择传送带上的食物；然后将它们倒入自己身前的锅里，等菜品煮熟后，就可以吃了。

用餐时间只有 1 小时，但是肉汤完全没有沸腾的迹象，我们只能看着旁边旋转的新鲜食材咽口水……时间可真难熬。肉汤终于“呼噜呼噜”开始沸腾了，我赶紧地把猪肉、牛肉、白菜、菠菜、鱼糕、面、鱼、虾、鱿鱼、墨鱼、肝、蘑菇、饺子、蛤蜊、菠萝以及几种叫不出名字的食材一股脑倒进锅里。

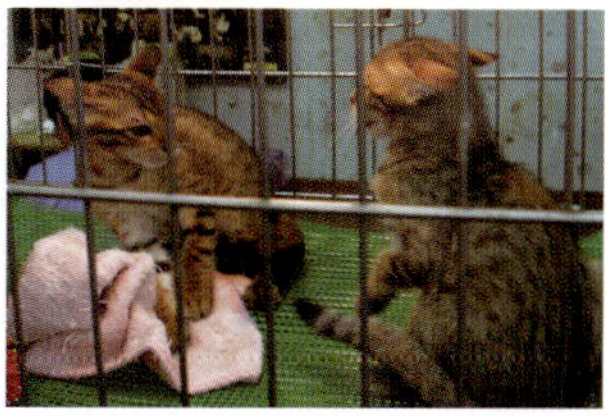

乍都乍市场 Chatuchak Weekend Market

位于乍都乍公园旁的泰国最大的市场，是每周六、日才有的周末集市。有超过 1.5 万个店面，分成 26 个区域。因为还是有名的跳蚤市场，所以二手货交易非常活跃。还可以看到仓鼠、小猫、小狗之类的宠物和珍稀野生动物。

地址： BTS:Mochit
电话号码： 周末（六，日）9:00 AM~6:00 PM

肉汁鲜美，鱼丸有嚼劲，虾肉紧实。因为放了很多材料进去，汤的味道也无比美妙。再放点面条吃下肚，几乎能撑死三个人。

“舟舟，慢点吃。你这样要吃坏了。”

“没关系，乔。有时间限制，当然要吃快点。”

我的吃货本能在说话的时候也无法停止。

“嗝～！”一声饱嗝的同时，这顿忙碌又华丽的午餐终于结束了。一刻不停地吃了那么多食物，我们面前的盘子一层一层堆得可以当城墙了。

“我们居然吃了这么多？”

“不是我们，是你吧！”

“哈哈，原来如此。”

光顾着自己狼吞虎咽，也不知道乔吃饱没有。一想到吃得饱饱的，就忍不住摸摸肚子，露出了满足的微笑。

“啊！乔，我好像噎着了，肚子疼。”

“唉哟！就知道你会这样！刚刚看你一直拿盘子我就担心了～”

虽然跑了几次厕所有点受罪，但我绝不后悔吃了火锅。

“旋转自助火锅真好。再来泰国的话，一定还要来这里。”

一般人将某种食物吃撑了就不会再想吃了，我的脑袋里到底装些啥，怎么还想吃……在美味面前就是抑制不住食欲的吃货俞舟舟，虽然不怎么喜欢这样的我，但有一点可以肯定——火锅绝对是能让人忘记积食滋味的美味。

Coca Suki

是泰国著名的连锁店，不管在哪个地区都能找到。

预算：100B~（价格根据所选的食材而有所不同）

6
Episode

在朗双路遭遇失恋！

·乔的故事·

Let's go to Bangkok —

“舟舟～今天悠闲地逛一下朗双路怎么样？据说相当于韩国的清潭洞或汉南洞呢～”

“好嘛，只要是曼谷，哪里都行！噢～乔，你好像对泰国做了很多调查啊。”

“去年我们拿着机票漫无目的地来了，所以走到哪是哪。虽然那样也不错，但这次我想玩得更尽兴一点。”

“没错。所以在来之前，我就查到了 Hard Rock 海滩泡沫派对。啊～才没过几天就想念泡沫派对了。”

我们又以对泰国的礼赞开始了新的一天，然后向朗双路出发。坐了 30 多分钟出租车总算到达了目的地，这里正如传闻中那样聚集了很多异国风情的住宅和餐厅。在天气晴朗的上午，我们犹如窈窕淑女一样以轻快的步伐散着步，突然发现了一家名为“High Tea”的咖啡馆。我们正打算进去简单地解决早午饭，就看到一名花美男服务生站在门口迎接我们。“今天从早上开始，运气就很好啊。”我们一边想着一边点了甜甜的蛋糕和咖啡，又打开了话匣子。

“这里气氛真好～是吧？”

“嗯，和街路树小路的感觉有点像……”

“稍微再逛一下就去暹罗那带怎么样？”

“好啊。”

我们坐着嘟嘟车往暹罗方向驶去，来到了东方最大的购物中心——中央世界广场。该中心集合了巨大的复合型商场 Zen、Isedan 百货店以及中央 300 多个卖场。因其规模巨大，我们都不知道该从哪里逛起。

“乔，看来要先去咨询台拿地图才行，这里像个巨大的迷宫。”

“呀～真的好大，东方最大的购物中心就是不一样。”

从土特产到名牌应有尽有，可以畅快地购物。内部各处还摆有著名的雕像和美术品，给疲惫的身心带来活力。

“舟舟，你的作品好像也很适合摆在这里，泰国人似乎也喜欢幻彩和前卫的东西。”

“乔，你果真是我的朋友，我正考虑要不要来泰国留学呢。”

“我赞成！你来留学的话，我也可以经常来泰国了。你在泰国肯定能干一番大事。”

“从作品设计到商品包装，泰国会使用到多种多样的素材，建筑物或者咖啡店的装修风格也与我们国家不同，真的很有创造力，比如 Cabbages & Condoms。”

“嗯，可以说是在我们国家无法感受到的富有新意和冲击感的设计，真的很有意思。舟舟，那边有家设计书咖，我们先去那里休息一下，怎么样？”

在巨大的购物中心四处逛了一阵，感到腿疼，口也渴，我们决定在咖啡店里休息一会儿。慢慢环顾了咖啡店后，我们点了一份缓解疲劳的甜点和咖啡坐了下来。打开包打算整理一下购买的东西，突然感到少了点什么。

“晕！不会吧……？”

“怎么了？什么事啊，乔？”

“奇怪，我的奥林巴斯相机不见了。”

见我表情渐渐变得暗淡，舟舟让我冷静下来好好找找。但是我把包里的笔记本、笔、钱包、太阳镜、尼康相机都拿了出来，把包包翻了个底朝天，还是不见我的挚爱。我忍不住哭起来。

High Tea

电话号码： 022-545-698 | **营业时间：** 11:00 AM~11:00 PM | **预算：** 80~420 泰铢

“乔。不要哭。我们以后买个更好的相机。”

虽然舟舟着急地安慰我，但那个相机是旧式的，和市面上卖的不同，再去哪里买一个呢。我如同被男朋友抛弃一样，心里堵得慌，眼泪止不住流下来。

“舟舟，我感觉好像失恋了一样，呜呜。”

“乔~不要这样，我们今天去真正豪华的地方吧！用美好的晚餐约会纪念失恋！”

听到美好的晚餐约会，我的眼泪停住了。舟舟自豪地说她推荐的餐馆氛围很好，让换了衣服再去。

回到宿舍后，我们简单地梳洗了一下，换上了在清迈 Ginger 店买的连衣裙。心情转好的我和舟舟拦了辆出租车去往豪华的餐馆。

“舟舟，我们去哪里？”

“Sirocco 餐厅，是来曼谷的旅客极力称颂的地方呢。”

“真的吗？到底是怎样的地方呢？”

出租车在 Sirocco 所在的莲花大酒店前面停下，门卫出来帮我们开门，并将我们领到前门。和之前从嘟嘟车里下来，自己一步一步走到酒店前门的感觉完全不同。多久没受到过这种待遇了。我们乘坐电梯上了 64 楼，那里正有让人难以置信的绝景等着我们。

无边无际的天空，每条街上五光十色的灯光，舒适的袅袅轻风，舒缓的爵士乐，这地方的夜景是我见过的最有魅力的。虽然香港的夜景也很美，但仍无法和在 Sirocco 里见到的曼谷夜景相媲美。因其环境的梦幻和魅惑，被选为泰国女人最想收到求婚的场所第一名。

如果我在这里收到求婚的话，好像也会无条件 OK。在这样的地方向我表达爱意的男人，应该可以和他过一辈子吧？丢了相机而难过的心情因为舟舟和 Sirocco 而平复了。但是心里又有点小感伤，这么好的地方，如果不是和舟舟，而是和男朋友一起来的话就好了。我一边暗下决心“下次一定要和帅气的男朋友再来这里”，一边和舟舟一起享受了这美丽的曼谷夜景，内心十分感激舟舟让我知道了 Sirocco 这个地方。

Sirocco

注意事项： 有服装规定，所以一定不要忘了换上华丽的裙子。
地址： 64F State Tower 1055 Silom Rd.
电话号码： 026-249-555 | **营业时间：** 6:00 PM~1:00 AM
预算： 主菜 680 泰铢 / 鸡尾酒 350 泰铢

Pratunam Complex
Jim Thompson
Shaka London
暹罗中心
暹罗探索中心
Mokka
Air Plan
Torlente Itanlian Restaurant
'Ember' Yaki Ten
Lub☆d
Lub.d Guest House

朗双路 Lang Suan Rd.

街道具有异国风情，集合了很多著名餐厅。
虽然和曼谷其他有名的街道相比，算是比较安静的，但简洁的咖啡馆、按摩店
以及充满整条街的路边摊正是朗双路的魅力所在。

舟舟和乔推荐的店

→→ Lang Suan Rd.

★★★ 3/5

1.Torlente Italian Restaurant

这家意大利餐厅用奇特的红色手写体“Torlente”招牌与明快的黄色风格装修相协调，呈现出了高端大气上档次的感觉。不知是否因为装修的简洁，使外国的顾客比本地人多得多，餐厅的味道也很赞。

地址 93/3A Langsuan Rd., Lumphini, Pathumwan

电话号码 022-513-058

预算 130~350 泰铢

★★★ 3/5

2.EMBER

EMBER 古色古香的白色建筑令人印象深刻，它是一家将东西方料理完美结合的混合餐厅。虽然价格较其他地方相对有点贵，但如果想优雅地享用晚餐的话，可以来品尝一次。这家店的烤鸭胸肉味道很清淡，卡路里也低，推荐想要减肥的人群前往。

地址 99/11-12 Langsuan, Balcony Bldg, Langsuan Rd., Lumphini, Pathumwan

电话号码 026-522-086

营业时间 11:30 AM~2:00 PM / 6:00 PM~11:00 PM

预算 400~1400 泰铢

★★★ 3/5

3.Mokka

这家酒吧能品尝到朝日、科罗娜、美乐、青岛、喜力等来自世界各国的啤酒。傍晚的 5 点至 8 点是狂欢时间，可以品尝到物美价廉的啤酒。外部设有室外阳台，在寂静的晚上，看看泰国夜景，喝喝啤酒，感觉也不错。

地址 45/4-8 Langsuan Rd., Lumphini, Pathumwan

电话号码 022-545-699

预算 啤酒 180~230 泰铢

★★★★ 4/5

4.Air Plane

这家店的服务员总是在一旁亲切地等候。彰显白色调的简洁装修，显得古朴而别致。对旅客而言，如果厌倦了面条、炒饭等香辛料较多的泰国食物，不妨来 Air Plane 体验一下短暂的意大利美食之旅。

地址 63 Langsuan Rd., Lumphini, Pathumwan

电话号码 022-524-630

营业时间 11:00 AM~11:30 PM

预算 190~620 泰铢

★★★ 3/5

5.Yaki Ten

每张客桌旁都有屏风，可以享受独立的用餐空间。这里虽是个小酒馆，但白天作为餐厅运营。在泰国各地，都可以看到像 Yaki Ten 一样的日式餐厅，可以感受到泰国人对日式料理的喜爱。

地址 soi 6&7 Langsuan Rd., Lumphini, Pathumwan

电话号码 026-522-527

营业时间 2:00 PM~11:30 PM

7 Episode

水上市场享用的自助餐

·舟舟的故事·

Let's go to Bangkok —

水上市场 Damnoen Saduak Floating Market

尽量在人少的早上前往，参加旅行社的一日游会更加方便。船家宰客的现象很多，参加旅行社组织的一日游可以避免类似情况。水上市场位于曼谷西南郊外 80 公里处的叻丕府。

地址：1600 New PhetchaburiRoad, Makkasan, Ratchathevi, Bangkok
电话号码：662-250-5500 | **营业时间：** 8:00 AM~12:00 | **预算：** 350~500 泰铢

“除了咖啡店外，还有没有地方可以吃点甜的东西，休息一下？”

“想吃水果~”

“刚刚的芒果真好吃……还想吃。”

去热带国家旅行的另一种乐趣在于——可以尝到各种热带水果。菠萝、榴莲、荔枝、山竹、青木瓜、毛荔枝、番石榴、龙眼等等，但最好吃的当然是芒果。把金黄细长的芒果拿在手里一闻，嗯~香气四溢~从果蒂处散发出来的甜味越浓，果皮的黄色越深，芒果就越新鲜。

泰国人常常把芒果放在用椰奶煮熟的饭上食用。大概是我对那种味道不太习惯，所以吃起来完全不合胃口。在我看来，芒果还是生吃最美味！把黄色的果皮剥开，切成细长条；或者带皮切成两半，用手指挖着吃；又或者将它们切成漂亮的小块，不管用何种方式，将芒果香甜的果肉送入嘴里的愉悦本身就令人动容——慢慢嚼动爽滑的果肉，特有的甜汁就会渗出来溢满整个口腔，没嚼几下就顺着食道滑下去了。

泰国有一个为像我这样的芒果爱好者开设的地方，名叫“芒果探戈”，该店志在成为专门的芒果食品店。这里不仅受到了韩国游客的喜爱，对于欧洲、日本、中国的游客来说，这里也是非常有名的地方。在这里可以感受到芒果丰富多彩的魅力，有芒果饭、芒果牛奶、芒果布丁、芒果酸奶、芒果汁、芒果果冻、芒果冰激凌、芒果奶昔、芒果lassi、芒果冰沙、芒果沙拉、鲜奶油芒果等各种用芒果制成的食物，非常新奇。

“生芒果哪里都能买到……我们就试一些其他的菜品吧。”

“但是果肉紧实的芒果在韩国还是很难吃到的嘛，要在这里多吃点。”

为了预订前往苏梅岛的巴士，我们来到了考山路。

“今天已经是在曼谷停留的最后一天了呢。”

“啊～时间真的过得好快，来曼谷已经一星期了吗？！”

我们对飞速流淌的时间感到可惜，为了看到更多、感受更多，我们放慢了步伐……啊～！考山路美丽的风景——对着照相机摆姿势的可爱孩子们，停在那里等待客人的嘟嘟车，汁水丰富看着就让人咽口水的热带水果，初次看到真心觉得搞笑的雷鬼头样品模型，让人不由自主打开钱包的服装路边摊……想到现在眼前的一切不久后就将沦为回忆，内心就忍不住难过。就这样怀着难过的心情开始购物（？！）。

“冉冉～看那些比基尼。真漂亮！”

我们发现了一个路边摊，里面挂满了设计新颖又漂亮的比基尼！看到这些花纹、斑纹、圆点、佩里斯花纹、条纹的比基尼……我早已将自己衣柜里为数众多的比基尼压在记忆最底处了。

“啊……但是这个要试穿了才能买～”

“这件尺码是多大的？可以试穿吗？”

路边摊大妈一边告诉我们都是均码，一边拿过我们挑的比基尼把带子往我的颈子上系！

“不不。在这……这里……！！！”

“舟舟，就让她系吧，反正这里也没人认识我们，正好不用找试衣间了，多方便。”

不知什么时候搬来落地镜的大妈喊着“漂亮，漂亮！”，怂恿着我们的购买欲。抱着价廉物美的比基尼，我们露出了满足的笑容。就这样心情愉快地来到了旅行社，预约前往苏梅岛的巴士和船票。一名女职员亲切地接待了我们。

“苏梅岛？比起苏梅岛，你们觉得龟岛怎么样？那里很好玩。去龟岛潜水吧。”

“我们去年在龟岛玩过潜水了，呵呵。”

“乔，你想起去年了啊？！”

“呵……”

一提起龟岛就让人联想起去年乔的艳遇。清净雅致的小岛，与中部地区海水浑浊的海岛不同，这里有着透明的珊瑚色海水，细心的潜水教练和可爱的潜水者。那时候，我们把三天的日程延长到了一周，每天都在这个无可挑剔的岛上潜水。

在潜水者中，我们认识了 23 岁的金君，长得让人联想到 H.O.T 的安七炫或演员金锡勋，俊秀的外表撼动了乔的心。坐在他开的摩托车后面游遍了龟岛，在后座上喊着“弟弟，奔跑吧！”而不是“哥哥，奔跑吧！”在那里和新认识的朋友一起做了很多事情——边欣赏海岸

SAME
SAME
GAME OVER

边绝壁的夜景边吃饭，一起去人工手动竖起保龄球瓶的保龄球场玩。尤其是那个保龄球场，女人玩的时候，职员们会用脚帮忙打出好球，在那里还可以和外国人打画图……因为在泰国度过了这么幸福的时光，所以乔已经是自去年以后第二次来泰国了。

“乔！”

“嗯？！”

“去苏梅岛的巴士票已经预订好了，我们快回住处打包行李吧！”

“嗯……好的。”

乔还在想着那个家伙吗？据说回韩国以后就没联系了，现在再问也不好……我不再说话，让乔拥有咀嚼回忆的时光。

乔在温习着去年在龟岛和帅气弟弟制造的浪漫回忆，我一边迈动脚步往住处走，一边暗暗希望今年自己能在苏梅岛也制造点浪漫。比起离开曼谷的不舍，前往苏梅岛的激动正渐渐放大。

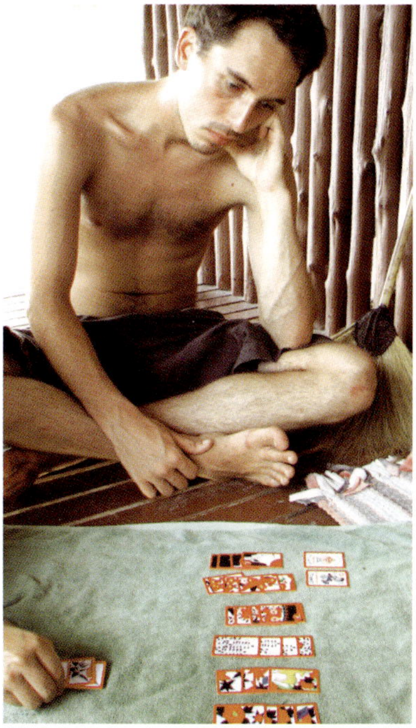

暹罗
设计酒店
暹罗艺术
&文化中心
MBK
马汶空中心
暹罗探索中心
芒果探戈
暹罗中心
暹罗
广场
Beauty Buffet
暹罗
百丽宫
概念平方厘米
水门白金
购物中心
(Fuji)
曼谷阿玛丽
水门酒店
Create 8
暹罗中央世界广场
(书咖，Coca火锅)
市场
姬纱
芭莎
水门
Nippon
Tei
素坤逸
Bedsupper Club
Dasa book cafe

暹罗 Siam

诱惑购物爱好者的购物中心暹罗。
暹罗中心、暹罗百丽宫、探索中心等大型购物商场
与下面的“年轻人之街”暹罗广场交相辉映，是名符其实的曼谷最繁华地区。
附近有朱拉隆功大学，一到下午就会聚集很多学生。

舟舟和乔推荐的店

Siam

★★★★ 4/5

1.Siam Discovery Center

比起名牌汇聚的暹罗百丽宫，这里有更多迪赛、DKNY、力士保之类的年轻品牌。推荐 20~30 岁的女士们前来。

地址 444 Phayathai Rd., Pathumwan(BTS:Siam)

电话号码 10:00 AM ~ 9:00 PM

★★★ 3/5

2.LOFT

是汇聚了众多室内装饰品、设计小商品、文具、动漫周边、饰品、概念商品的大型卖场，每个角落都让人离不开眼。也卖一些用布袋包装的杂货或者玩具相机。有很多可爱有趣的东西可以买回去当作礼物。位于 Siam Discovery Center 的三楼。

地址 444 Phayathai Rd., Pathumwan (BTS:Siam)

电话号码 026-581-000

营业时间 10:00 AM ~ 9:00 PM

预算 400~1400 泰铢

★★★ 3/5

3.Siam Center

在百丽宫和探索中心尽情购物后，来 Siam Center 用餐如何？这里有品奇披萨、COCA SUKI、哈根达斯、FUJI 等美味的餐厅，可以享受挑选的乐趣。其中，COCA SUKI 的自助火锅是舟舟和乔的最爱！

★★★ 3/5

4.Central World Plaza

在 Zen 百货店和 Isedan 之间有家免税店，规模为泰国最大，想要仔细逛的话，一天也不够。建议先确认好感兴趣的品牌，再明智地购物。如果想缓解购物的疲劳，推荐这里的书咖 Create 8。

★★★ 3/5

5.FOONG ZAAN

虽然暹罗广场有很多物美价廉的保税衣服和鞋子，但其中最引人注意的还是 FOONG ZAAN。衣服由手绘设计师亲自制作，设计新颖有趣。店里播放着设计师亲自制作的宣传视频，装修也很有感觉，如果想买特别的衣服和饰品，一定要来这里看看。

地址 1st F1, Siam Theater,Siam Square

电话号码 089-414-8338

营业时间 1:00 PM ~ 9:00 PM

★★★ 3/5

6.NOODDI

在这里可以尝到泰国、意大利、越南、日本等世界各国的面食。网络和很多泰国旅游书里都有该店的介绍。不知是不是因为概念独特且位置好，客人总是很多。

地址 229/1-2 Siam Square Soi 4

电话号码 026-584-481

营业时间 10:30 AM ~ 9:00 PM

预算 用餐 70B 起

★★★ 3/5

7.MilkPlus

看店名就能知道菜单是什么，MilkPlus 是出售乳制品和面包的地方，深受泰国学生的喜爱。如果像泰国人一样喜欢甜食，可以挑战一下！甜味强烈，直抵脑海。

地址 between Soi 4&9, Siam Square

预算 蓝莓牛奶 45 泰铢，奶昔 60 泰铢

★★★ 3/5

8.MBk Center

行走在暹罗的街上远远地就能看到“MBK”标志的建筑物。那就是马汶空中心的大楼。从衣服、包包、化妆品、鞋子到电子产品应有尽有，以中低价商品为主。建筑内的美食广场价格便宜、种类丰富，当地人和游客都非常喜爱。

地址 444 Mah Boon Krong Center, Phayathai Rd., Pathumwan

电话号码 026-209-000

邮箱 marketing@mbk-center.co.th

营业时间 10:00 AM ~ 10:00 PM

★★★★ 4/5

9.Siam Design Hotel

临近暹罗著名的购物中心，正好适合观光。这里的设计感非常强烈，夺人眼球。酒店大堂的咖啡厅有歌手驻场唱歌营造氛围，屋顶上的圆形吧不仅可以优雅地用餐，还能像 SIROCCO 餐厅那样欣赏曼谷的夜景，也可以和恋人一起享受露天游泳。

地址 865 Rama 1 Rd., Wang Mai, Patumwan

电话号码 022-173-000

官方网站 www.siamatsiam.com

★★★★ 4/5

10.Beauty Buffet

泰国的化妆品连锁店，类似于韩国的 Skinfood、谜尚。护肤、清洁、美体、护甲等种类齐全的商品和可爱的包装，很值得一逛。尤其是这里的指甲油质量很好，有很多韩国化妆品店里见不到的颜色。

地址 229/1-2 Siam Square Soi 4

电话号码 029-460-700

营业时间 10:30 AM ~ 9:30 PM

舟舟和乔推荐的店

→→ etc.

★★★★ 4/5

1.The PLATINUM FASHION MALL

类似于韩国的 Migliore 或 Doota，出售保税服装，是曼谷年轻人聚集的地方。内设 2000 家商店，有很多物美价廉的服饰和小商品。可以以低廉的价格买到很多东西，适合精打细算的购物一族。

地址 222 Petchaburi Rd., Ratchathevee
（BTS：Chit Lom 9 号出口步行 10 分钟）

电话号码 021-218-000

营业时间 9:00 AM ~ 8:00 PM

★★★ 3/5

2.Dasa book cafe

有多种多样较新的二手书籍和旧书，因而吸引了很多游客前来。从价格昂贵的设计书籍，到包装精美的童话书籍，这里应有尽有，对书迷来说如同宝地。规模虽不大，但图书都整齐地陈放在分类清晰的书架上。

地址 710/4 Sukhumvit Rd(between Soi 26&28), Klongton, Klongtoey(BTS: Phrom Phong)

电话号码 026-612-993

★★★★ 4/5

3.CREPES & CO

CREPES & CO 从 1996 年开张至今，一直享有高人气。在这里可以享用很多法式美食，还有多种可丽饼，即使不在这里用餐，来杯茶也是不错的选择。也许是因为可以在都市中感受美好的庭院，外国客人络绎不绝。

地址 18 Sukumvit Soi 12

电话号码 026-533-990~1

营业时间 9:00 AM ~ 12:00

预算 180~330 泰铢

★★★★ 4/5

4.Fuji

在泰国有很多外国餐馆，其中最有名的是这家连锁店最多的 Fuji。菜品清爽，堪称绝品。午餐时间可享用优惠午间套餐。

地址 Siam Center 内

预算 午餐套餐（色拉、牛排、饭、味噌、水果、冰咖啡）150 泰铢，牛排（除午餐时间）280 泰铢

★★★ 3/5

5.REFLECTIONS

特点是由几十位设计师和艺术家对各个房间进行了装修设计，在泰国旅游爱好者中小有名气。每个房间的主题都非常独特，旅游旺季不提前预约的话住不到。从照片上略显陈旧的装修可以感受到时间的流逝。

地址 224/2-9,224/11-18 Pradipat Rd., Samsennai, Phayathai

电话号码 022-703-344

1名

BEST

乔

女人味连衣裙

在 < 考山路 > 购入 250 泰铢

2名

舟舟

青蛙拖鞋

在 < 考山路 > 购入 80 泰铢

3名

在 < 水门白金购物中心 > 购入

120 泰铢

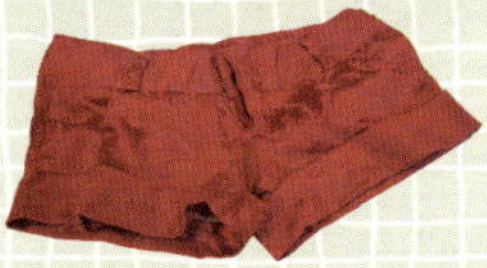

舟舟

4名

在 < 暹罗广场 > 皮鞋店购入

190 泰铢

乔

5名

幻彩比基尼
（买得越多，打折幅度越大）

在 < 考山路 > 购入 170 泰铢

舟舟

舟舟

在＜暹罗广场＞皮鞋店购入

190 泰铢

6名

舟舟

派对用假睫毛在＜水门市场＞购入

各 50 泰铢

7名

8名

在＜考山路＞购入的心形墨镜

120 泰铢

乔

10名

Holga 110 胶卷相机

各 350 泰铢

乔

舟舟

9名

在＜考山路＞购入的太阳镜

120 泰铢

舟舟

KO SAMUI

SEAFOOD
Price Per 100 gm
Lobster 160
Jambo prawn 150
Tiger Prawn 100
W.Snapper 60
Calamari 60
Blue Crab 60
Oyster, pcs 50
Clam, Mussel 40

OYSTER
ONLY 700 B.P.
served with
Salad, corn, Roast Pota

{ Part 5 }

苏梅岛

苏梅岛隶属于泰国克拉地峡东海岸素叻他尼府，当地人简称其为“Samui（苏梅）”，而“KO”是“岛”的意思。是泰国第三大岛，充满魅力的海滩、珊瑚礁和椰子树沿着海岸线形成了一片令人赞叹的美景。东部的查汶海滩和拉迈海滩很有名，附近的法罗群岛上有高达 10 米的佛像。在 4 月的宋干节时，会有斗水牛、帆板、潜水等各种海洋运动比赛。

TICKET & TOUR
BOAT BUS TRAIN PLANE
INTERNET
SERVICE
TOUR
CAR JEEP

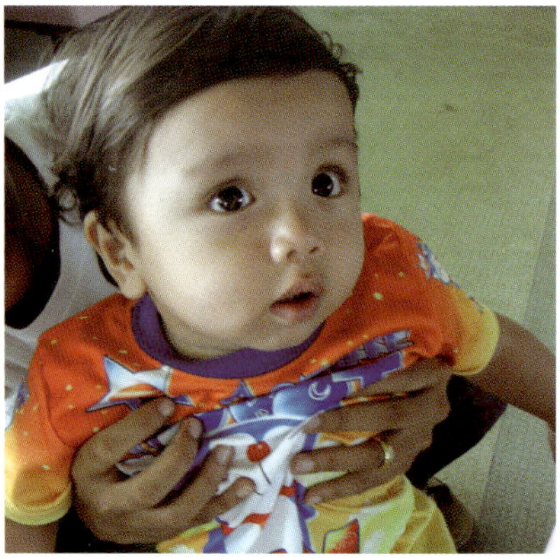

GAS

Poppies

BIKINI'S
UPSTAIRS

1 Episode

通往美丽的苏梅岛之路！

·舟舟的故事·

Let's go to Ko Samui —

“我们和他们一起走！”

深夜，在亮着灯的小办公室前面，欧洲的背包客们正三五成群地聚集着。坐在路边喝着啤酒的年轻人、轻松交谈着的女人们、检查着行李的游客们……他们都聚集在这里，准备从曼谷前往苏梅岛。想省钱的背包客通常会选择坐通宵巴士前往海边，等到早晨来临后再乘船前往小岛。坐飞机只需 1 个多小时，坐船的话则需漫长的 12 小时。

“这样赶路挺累的，咱们干脆坐飞机吧 ~”

“巴士都已经预约好了 ~ 到目前为止，一切都很顺利，在车上过一夜，还能聊聊天，不是挺好的嘛。你看他们，看上去多好。”

“好吧。我们没多久就要 30 岁了，趁变得更老之前，就和他们一样尝试下这样刺激的玩法吧。”

“对，没错，试试吧！”

虽然 20 岁出头时，曾在环欧洲旅行的时候尝试过夜间行程，但这次我们有点担心体力不足。

“噢 ~！我们去买点零食吧。”

对无论去哪都把吃当做头等大事的我来说，这是理所当然的 ~

上车前，我带着乔进了便利店。饮料、饼干、巧克力、面包、口香糖，我们抱着满满一堆零食跑到结算台，发现刚刚在巴士候车厅看到的女游客也在排队，而且拿着和我们差不多的零食……哈哈，原来大家都担心在长时间的旅程中挨饿~我和乔暗暗怀着亲切感上了巴士。巴士内部比我们预想中更宽敞，每个座位都有脚垫和靠背，位置和高度都比较合适。座位和窗户像双层巴士一样比较高，因而在高处向外看去，夜景显得非常迷人。唯一的不足之处是没配卫生间。

我们一坐上车就开始了精心的布置，拿出套头衫和毯子挡住的过分凉爽的空调冷风，戴上眼罩以防朝阳打扰到我们的熟眠，垫上颈垫以防车子摇晃撞到头。在用游行四件套武装好自己后，“嘟隆嘟隆~”，巴士终于出发了。

“再见，曼谷的摩天大楼~不久我们会再回来的。再见，曼谷的尾气~希望不久后再会……”

像离开埃文利的红头发安妮一样，舟舟和我也必须依依不舍地离开这里了。“天下无不散之筵席”，不久以后我们还会再回来的，天亮后这辆巴士就会带我们去小岛上。啊~明天我就是小岛少女了……安妮附身的游戏只是短暂的，不一会我们就进入了梦乡，还边睡边流口水。唉西，一贯的失眠症哪去了……

中途我们在服务区加了好几餐（什么嘛……白在便利店买零食了。不过吃饭的时间给得很充足，这点还不错呢，啧~），去完洗手间再上巴士睡觉，然后吃了拉，拉了睡，这样重复了三四次……

LOMPRAY
Bus +
Huahin
13.00

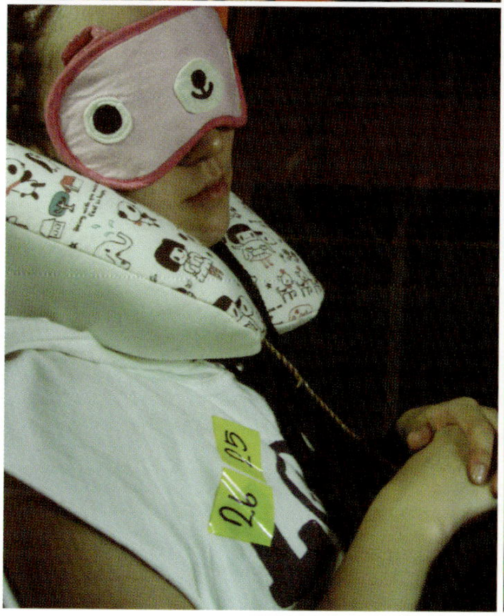

在白雾茫茫的早晨，我们终于到达了位于素叻他尼府的码头。去年我和乔去龟岛潜水时，曾经过这里——素叻他尼府。故地重游让我们感到非常高兴，也很新奇时隔没多久居然又能踏上这片土地。下次重游又会在何时呢……1 年后？ 5 年后？或者一辈子都不再来？

我们正迎着早晨的海风沉浸在龟岛的回忆中，突然传来“叮 滴哩呤 叮噹定噹 定噹”的音乐声。转头一看，原来有个女人在弹吉他，身旁的男人唱着歌。这对情侣趁等船的工夫自娱自乐起来，看起来比糖果还要甜蜜，更为这片美丽大海增添了风情，感谢他们。不知何时太阳已经升起，照亮了清晨的天空，前往苏梅岛的客船终于来了。

“那远远的小船将带我到何方……，是你所在的地方吗？啊……。”

我沉醉在旋律和海浪声中，陷入了忧郁、浪漫而又短暂的幻想。

晕！我突然意识到一个可怕的事实——上船前要走过一条 300 米的木桥，我们必须拎着行李过去。拎着这么多行李的我们要如何到达那里呢，木桥表面还这么地高低不平……去年乔经过这里的时候，差点把行李箱的轮子蹭掉了。

还好担心是多余的，有位心肠好长相也好的帅哥帮我们把行李箱提了过去。我们终于结束了漫长的陆地旅程，登上了前往苏梅岛的客船。

昨晚周围还都是都市的废气味道，不知何时已被大海的新鲜气息所包围。漫长的巴士旅程快得一闪而过，我们的旅程也在不知不觉间渐渐接近了尾声。

NOTRESPASSING

迎接着灿烂的阳关，我们的船抵达了苏梅岛的码头。在夜间巴士上睡了一觉，又经过了满是雾气的素叻他尼码头，在轮渡上迎来了清晨，最后终于到达了苏梅岛～！

迎着舒爽的海风，我们兴奋地赶往住处。我们下榻的阿卡瓦宾馆以POP艺术风为主，魅力在于可爱的装修。宾馆的主人是一位英国大叔，他来苏梅岛旅行后被这里的美景所吸引，最后决定在这里定居。啊……在派县遇见的Breeze of Pai的女主人也是在去派县旅游后与泰国人结婚，最后决定留在派县生活的……他们都在被这个陌生而又充满魅力的国度吸引后，将留在这里生活的冲动变成了现实，他们的经历既新奇又令人羡慕。

即使心里想着“啊～真想在这种地方生活……”，但又有多少人真的会这样去做呢？我有没有像那样忠实于自己的想法呢？一直因为工作、家人、人际关系等因素压抑着自己的冲动，就像打地鼠游戏一样，地鼠一冒出来就被用锤子“哐哐哐”一个个砸下去……

热水澡缓解了夜间乘车的疲劳，我们一边吃着巴士上剩下的零食一边观看泰国的电视节目，不知不觉间已经到了晚饭时间。

该出去逛逛了吧……我们像两个猎人一样，摸着饥饿的肚子来到街上。

“这是什么味道？”

“闻上去有点腥，应该是哪里在烤海鲜吧～”

苏梅岛夜晚的街上满是海鲜的味道～我们“嗤嗤”地顺着味道往

前走，在一家名叫“查汶花园”的海鲜餐厅前停下了脚步。餐厅入口处放着各种海鲜，粉色的、超大的、小的、银色的……大多数都叫不出名字，大婶正用炭火烹饪着。我最爱的胳膊般粗的龙虾、大虾等甲壳类海产品也一字排开，呈现出诱人的姿态。我们毫不犹豫地走进餐厅坐了下来，吃点什么海鲜好呢……我们盯着菜单看了半天也没做出决定，最后我们又走到放海鲜的地方。

虽然叫不出名字，但看模样就知道了，于是我们指了其中几种海产品问了价格。小虾料理前几天已经吃过了，至于龙虾呢，大概因为这里是旅游区，价格和韩国差不多……所以，最后我们点了一个体形较大、价格适中、眼睛湿润的海鲜，拜托大婶帮忙烤一下。然后我们又回到位置上照着菜单点了米饭、冬阴功汤、沙拉和一瓶可乐。

“这里的冬阴功汤会好喝吗？”

“在曼谷的时候，卢巴酒店前的那家餐馆真的很好吃呢……”

“啊～是那家没有招牌的餐馆吗？那里大概是最受当地人欢迎的饭店吧。除了我们以外，估计也没有其他游客了～”

仔细想想后发现，乔和我已经吃遍了无数泰国本地餐馆，从市中心的餐厅到偏僻小巷里的家常菜馆。

我们俩都不挑食，而且也很喜欢印度料理或泰国料理这类辛香的食物。当然泰国的香辛料“香菜”除外！只要食物沾上了那种奇怪的香草，我们就会瞬间失去胃口，只剩下比铁屑还不如的味道在鼻子和舌头间徘徊……那种草在西方被称为“coriander”，在越南，人们也经常把它添加到菜品里。可能有人会喜欢这种味道，但我和乔每次点菜的时候都要特别附加一句"No 香菜！"。

"回到韩国后，可能什么样的泰国餐厅都入不了我们的法眼了。"

"没错。应该都比不上本地大婶的手艺……"

"在清迈上了厨艺课，干脆我们自己做着吃吧。"

"好啊！我知道有个专门卖外国食材的网站！"

"哇哦~"

我们不靠谱地决定回到韩国后要尝试自己做泰国料理。就这样漫无边际地聊了一会，我们点的菜终于上来了！这道菜有个响亮的名号，叫做"Pla Rad Prig"，用菜单上的英文名称来说是"Whole Crispy Fish with Chilli Sauce"！在烤得脆脆的海鲜上撒上用辣椒和大蒜制成的酱汁。接着白米饭和沙拉都上来了，还有光是看着就让人流口水的珠黄色诱人冬阴功汤。

"好吃吗？"

"海鲜甜甜咸咸的，味道不错。"

"冬阴功汤呢？"

"冬阴功汤的话，5 颗星给 4 颗半。"

"哇哦~"

我们边津津有味地吃着，边像美食评论家一样给出评价。

"这里不错嘛。"

"运气好吧。"

"选饭馆这种事如果不事先从书上或网上做好调查的话，就完全凭运气了。"

*（胜狮啤酒，Singha beer，近年来取代象啤成为了泰国最畅销的啤酒。）

“嗯。”

剩下的旅程我们还能不能维持这种好运呢……会不会被一些花言巧语骗去一些骗钱的餐馆……我们怀着一半期待一半不安。

虽然用海鲜料理填饱了肚子，可我们觉得还差点酒精去去嘴里的腥味。我们来到了查汶海滩一家不错的“SoLo Bar”，乔点了一杯香气绝顶的泰国胜狮啤酒*，我点了一杯混合了牛奶味道的可可利口酒，两人坐下来聊着天。

“啊～明年就30岁了呢。”

“是啊，怎么就已经30了……”

“我真的什么事都没做呢……”

“我还不是一样。”

20岁的时候，享受着大学生活，那时候喜欢和朋友出去旅行或喝酒，每天都不知道是怎么度过的。毕业的时候，和父母吵着说要做艺术家。那之后，谈了一场维持了几年的痴迷恋爱，接着又经历了好几

The Chaweng Garden

地址： 162/8 ChawengBeach, Kohsamui, Suratthani
电话号码： 077-960-394~5 ｜ **官网：** www.chawenggardensamui.com
营业时间： 6:30 PM~ 12:30 AM ｜ **预算：** 用餐 100 泰铢起 / 龙虾 180 泰铢每 100g

次相遇和离别。现在已经 29 岁了，没有稳定的工作，没有厚厚的存折，这样的我居然马上就要奔三了……对还没有做好任何准备的我来说，“30 岁”这个词是那么地陌生和不安，是我永远不想了解的一个词。乔的社会经验比我丰富，安慰我说这个年纪的人又有哪个不是这样想的，我的苦涩心情稍稍得到了宽慰。我们的乔科长可是做了 5 年的广告模特、试镜导演，果真是不能小看的啊。

“好了 ~ 舟舟，别这样，干一杯吧！”

我浅浅地嗡了一小口，压下了不安的心情。

那天我们俩干杯到很晚，以此向我们美丽的青春致敬。

SoLo Bar

地址： Chaweng Beach Rd., Kohsamui, Suratthani
营业时间： 3:00 PM~2:00 AM

在珊瑚色的大海边晒日光浴！

·舟舟的故事·

Let's go to Ko Samui —

“今天我们要玩遍苏梅岛！”

由于假期所剩不多，加上明天我们打算动身前往普吉岛，因此我们停留在苏梅岛的时间非常短暂，只有三天两夜。为此，我们的心情也开始急迫起来，打算一大早就起床，多出去走走看看。去东南亚旅游一定要去海边！尤其是苏梅岛的海边，那里是泰国瑰宝中的瑰宝。早上一起来，我们就赶紧向海边走去。凉爽的海边、暖和的天空，我们正想在日光浴床上躺下来。

“Excuse me。”

一名服务生过来收取日光浴床和遮阳伞的租金。虽然我们也知道使用遮阳伞需要支付租金，但理性消费的我可不打算就这样任人鱼肉。

“乔！我们去那边的度假村吧！”

位于海边的度假村或餐厅一般都会向住宿或用餐的人提供免费的日光浴床！我们挑了一家位置合适、装修漂亮的餐馆，吃了一顿早午饭，然后正式开始享受日光浴。

“我们好歹也在泰国转了快一个月了，可皮肤怎么还白得跟白斩鸡似的……”

“我们也像孝利姐姐一样晒出古铜色的皮肤吧。”

我们打开准备好的MP3，开始涂防晒油。DEUX的《在夏天》和面前徐徐的波浪声交相辉映。

“天空向我们敞开～且我身边有你～”

我们俩果真肾上腺素发达，没安静地晒多久就起劲地跟着MP3一起唱起来，这还不尽兴，我们干脆从位子上站起来跳动。

“舟舟，我们拍照片吧！”

我们利用自拍定时器拍下了开心跳跃的模样，几次下来就汗如雨

Eat SENSE

开在查汶海滩度假村的餐厅。用餐的话可以免费使用日光浴床，很适合看着大海度过悠闲的时光。离海边很近，非常方便。

地址： Chaweng Beach(near Buri-rasa,Next to Banana Fansea Resort), Koh samui，Suratthan

电话号码： 077-414-242 | **预算：** 150泰铢起

营业时间： 早上9:00 AM~11:30 AM / 中午和晚上1:00 PM~11:00 PM

下了。然后我们又赶紧跳进水里解暑，将身体交给凉爽的大海。我们顺着波涛玩水，并沉醉其中，直到肚子饿了，我们才离开。

“乔，我需要一点甜甜。”

这里说的“甜甜”是指甜食，以前我向男朋友撒娇的时候偶尔会这样说。两个闺蜜一起出来旅游，福同享难同当，不知不觉间，关系比爱人还亲密了。

于是我们去了德里！名字虽然和印度首都一样，但这里并不经营印度料理，而是一家提供沙拉、三明治和冰激凌的咖啡馆。我们点了甜度适中的饮料和富含维他命的水果。

“嗯？”

正放松地喝着美味的“甜甜”，突然发现桌上有一团不明来历的黑绳！

“乔，你的头发！”

“啊~啊！”

那不是乔雷鬼头上贴的假发吗！还是两缕。

“呀，扔了！扔了！那个老板是不是坑人的啊？”

“呜~不行。这也是旅行中珍贵的一部分，和我一起度过了这段时光！”

乔把两缕蚯蚓一样的头发打结放进手提包里。连微小的东西都赋予特别的意义并加以珍惜的乔，看上去特别可爱。

回住处洗掉了海水，我们在网上查了下个旅行地普吉岛的资料，接着去宾馆旁边的小旅行社预订了前往普吉岛的巴士，弄完后已经是很晚的下午了。

“啊……又肚子饿了……有什么值得推荐的餐馆吗？”

“好久没吃意大利料理了，去尝尝怎么样？我已经查好了一家~”

我的“包打听”乔女士在来泰国之前，就把苏梅岛所有的美食店都一一罗列出来了。我们向着她推荐的火炉披萨专卖店 PREGO 出发！拦了一辆双排车，10 分钟左右就到了。那家店是现代风格的装修设计，散发着异国风情，我们点了番茄意大利面和芦笋披萨。

正吃着餐前面包，突然看到一个西方男人在厨房里走来走去。

“啊，舟舟，我见过那个人。”

“是谁啊？”

“据说是这里的主厨，很有名，书上介绍过好几次。”

“啊~是吗？”

舟舟完全不关心，继续吃东西。

“我要去和那人拍照。”

“什么？为什么？”

“明星主厨当然要拍啦，你看一般的人气美食博客，都和主厨拍照套近乎的……”

我们把酸酸的番茄意大利面“呼噜噜”吸进嘴里，“咕嘟咕嘟”咽下了咸滋滋的披萨，一顿饭很快就吃完了。啊……这一遇上美食就电闪雷鸣的吃法。吃完后重新开始交谈的我们才发现那个主厨已经不知去向了，乔与他合影的愿望也化为泡影，以后也不能看着和他的合照回忆这绝顶的美味了。

PREGO

是阿玛瑞酒店经营的一家意大利餐厅。可以看到简洁的外观和火炉烤制的披萨。另外免费提供餐前面包、意大利香脂醋和橄榄油！

地址： Chaweng Beach,Koh samui,Suratthani
电话号码： 077-422-015 | **营业时间：** 11:30 AM~11:30 PM
预算： 170~300 泰铢

“啊……还想和主厨合影呢……真可惜。”

为了调节乔惋惜的心情，我们去了苏梅岛著名的“Ice Bar”。所谓“Ice Bar”就是用冰块建成的酒吧。虽然记不太确切了，但印象中在介绍世界特色名地的电视节目中看到过两次，也是旅游书中常见的地方。这地方规模比想象中小一点，外观用泰国传统建筑风格进行装饰。我们在常温入口处听了服务员简单的介绍后，准备进入冷冻房……

“Wait a minute。”

服务员把我们带进了小换衣间，让我们穿上了大斗篷一样的外套和绒帽。我们用密不透风的衣服全副武装后，走进了 ice bar！

“规模虽然不大，但大概是照明一直变化吧，感觉挺漂亮的呢。”

“嗯。好像冰滴。”

用冰块制成的摆设和时时刻刻变幻的照明稍稍宽慰了我们失望的心，我们到处摆 Pose 拍照，渐渐沉醉其中。用取景器确定后，拍出来的照片真堪称艺术！屏幕上的我好像不是我了，怎么会有这么漂亮的姑娘！我们为今天的胜利干杯，暖和了一下身子，接着又沉醉在拍照游戏中，直到感觉到寒冷。

“啊……好冷，我们走吧？”

“嗯，坐什么车呢？嘟嘟车？双排车？”

“这是在苏梅岛的最后一晚了，我们稍微散一下步，再坐双排车回去吧。”

一大早就开始游玩，现在不知不觉已是夜晚了。

也许是舍不得在苏梅岛的时光，我们把今天一整天日程排得满满的。如果一天的时间像一节节相连的维也纳香肠，像故事中那个很长又无限的“金 寿限无 龟与鹤 三千甲子东方朔……”* 名字的话，我们可能会马不停蹄地安排下一个日程。可事实并非如此，这次旅行也总有结束的那么一天。虽然刚登上来泰国的飞机时，一个月好像长得见不到头……

在苏梅岛的这个夜晚，我们感到非常惋惜。

*（此处为韩国民间的一个笑话，整段都是一个人名，是孩子的爸爸希望孩子能长命百岁，把很多跟长寿有关的名词放到名字里，最终组成了这一长串名字。）

BAR ICE SAMUI

电话号码： 077-484-933 | **官网：** www.baricesamui.com | **入场费：** 375 泰铢起

AR ICE SAMUI

3 Episode

前往普吉岛的路上遭遇诈骗团伙?!

·舟舟的故事·

Let's go to Ko Samui

普吉岛入口。

看到普吉岛道路牌子的时候，我们别提多高兴了！

“这里要停一下，我也真的不想这样做。”

司机看上去很不高兴。他在一个小办公室前把我们放下。车门一打开，两个女人就拿着酒店的宣传册迎上来向我们招揽生意。无语，花样还真多。她们说现在想住的酒店都客满了，现在进普吉岛市内的话没有地方住宿，要给我们介绍又便宜又好的酒店……唉，不管了，该怎么办就怎么办吧！我们对她们介绍的酒店还价再还价，最后以低廉的价格预订了一家三星级酒店。天色渐渐暗了，再去找酒店也不容易，翻了翻她们手中的宣传册，酒店看起来还不算太差。预订完以后，我们再次上了车。就这样几经辗转，在半夜12点左右才到达普吉岛。

“啊……真是烦躁的一天。”

“光坐车就坐了13个小时还是14个小时来着？到底换乘了几

趟啊……”

“应该不会更倒霉了吧。没关系的，不就是欺诈嘛……只要人没事就好。”

我们拖着疲惫的身躯走进酒店，差点掩饰不住惊叫起来。这哪是三星级酒店啊！印度郊区的青年旅社都比这家破酒店的房间好！卫生间装修得感觉会有 100 个蟑螂跑出来似的。乔和我只能相视苦笑。

“我们明天去找一家好一点的酒店，干干净净地洗一洗，再好好休息一下吧。”

我们连厕所都没上，脸都没洗，就穿着白天的衣服睡觉了。

“没关系，就这种程度嘛……人没事就好。”

我咬咬牙睡了。这次真算得上是我所有旅行记忆中排名前五的被骗经历了。

“没关系，这点算什么，下次旅行的时候吃一堑长一智不就行了嘛……”

ELEVEN
PHARMACY

舟舟和乔推荐的店

→→ Ko Samui

★★★★ 4/5

1.Deli

可爱又整洁的面包坊兼咖啡店。三明治、披萨、色拉、Gelato、咖啡应有尽有，还有自制芒果酱和番木瓜酱。位于查汶街上，很适合进去小憩一下。

地址 Central Shopping Arcade, Central Chaweng

电话号码 077-230-500

营业时间 9:00 AM~12:00

预算 三明治 120 泰铢起

★★★ 3/5

2.AKWA Guesthouse

POP 文化风格的宾馆，有很多花花绿绿的图画作为装饰，女孩子一般都会喜欢。每个房间都配有 DVD 设备，有几部电影和几本书。热情的店主大叔令人印象深刻。

地址 28/12 moo3, South Chaweng Rd., Kohsamui, Suratthani

官网 www.akwaguesthouse.com

预算 标准间 700 泰铢起

BEST

舟舟和乔的购物项目

100 泰铢 =19 元人民币

舟舟

1名 **Kitty T 恤**

100 泰铢

舟舟

2名 **方便鸡汤**

各 90 泰铢

3名 **各式各样的果冻**

20 泰铢

乔

4名 **日本口味的饼干**

各 40 泰铢

乔

PHUKET

ROYAL PHUKET MARINA

Part 6

普吉岛

普吉岛被誉为“泰国的珍珠”，位于曼谷南边 891 公里处，有美丽的海岸线和茂密的森林，是世界上著名的疗养胜地。沙滩辽阔，山坡绵延，很适合享受海水浴。岛长 50 公里，宽 20 公里，最高海拔 518 千米，有桥与对面的陆地相连。一年四季晴朗又美丽的海岸总是聚集了很多游客，岛的东南部是普吉市，形成安达曼海的贸易中心地。岛上约半数居民是中国人、泰国人和缅甸人。

乔海女·乔人鱼·乔美女

Let's go to Phuket

普吉岛地图

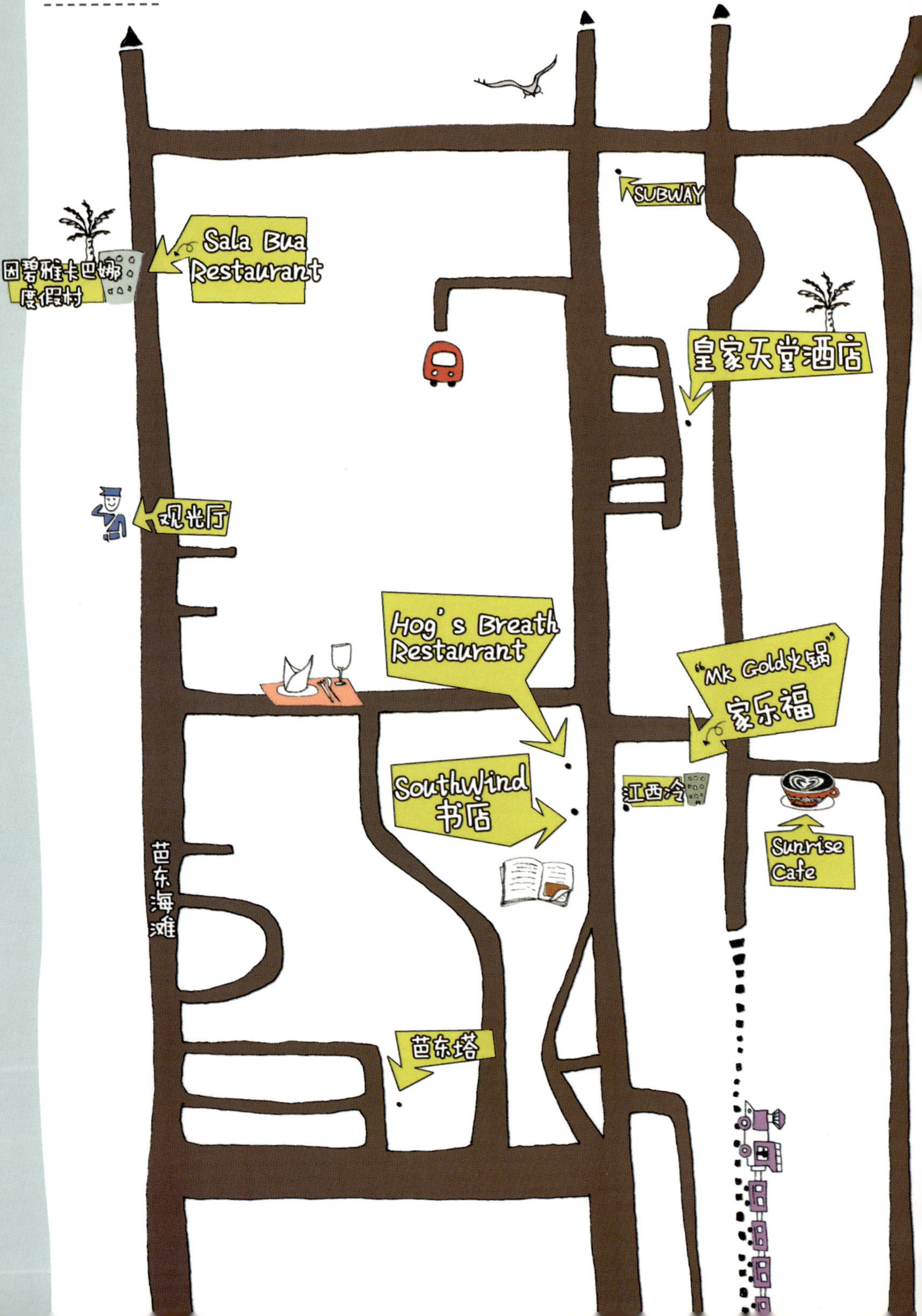

Sala Bua Restaurant
因碧雅卡巴娜度假村
SUBWAY
皇家天堂酒店
观光厅
Hog's Breath Restaurant
"Mk Gold火锅"
家乐福
SouthWind 书店
江西冷
Sunrise Cafe
芭东海滩
芭东塔

 和  共度的普吉岛日程

期限：4 天 3 夜

- □ 游览芭东海滩
- □ 在江西冷购物和在 MK Gold 火锅吃晚餐
- □ 皮皮岛（一日游）
- □ 在住处的游泳池游泳
- □ 在 Sala Bua 餐馆吃晚餐

WELCOME TO PATONG
TIGER

ONLY
P

Hijet B-237

1 Episode

从芭东 Bangla 的江西冷开始的市场之旅！

·舟舟的故事·

Let's go to Phuket

前一晚因盲目听信宣传册而住了噩梦般的酒店，为了补偿昨天的错误，今天不管怎么样都要选择好的宿舍！我们特别高兴，因为找到了一家合适的酒店，虽然不是度假村那种五星级的，但至少并没有超出预算太多。

“我们的酒店有 25 层，是普吉岛最高的建筑。”

哇，听了酒店前台服务小姐的话，我们真想快点上天台去看看，但似乎得先放下大包小包的行李才行。我们运气很好地分配到了景色不错的房间，终于摆脱了长时间的路程和前一晚噩梦般的酒店。我们安心地张开双手呈大字型躺倒在床上。啊 ~ 新被子柔软的味道和窗外的普吉岛远景，终于让我们喘过气来。

“舟舟，我们该去吃点东西吧？出去吗？”

“啊……太累了，我没力气出去了，没力气。”

“那我们叫客房服务吧。”

“OK。”

吃完送来的热腾腾的食物，干干净净地洗完澡，我们不知不觉恢复了元气，起身做外出准备。

“啊 ~ 天台！”

“没错！马上去吧。”

我们急急忙忙地坐上了电梯，准备前往最高的楼层。电梯的外侧是透明的钢化玻璃，随着一层一层地上升，可以看到外面普吉岛不断变化的风景。

“叮 ~ ！”

终于到达了顶楼！但没有可供观景的天台。

我可不是那么容易放弃的人。

“乔！跟我来。”

“去哪里啊？”

经过复杂的走廊，走过通道，扶着栏杆走上了楼梯，在通过了一扇门，一个小阳台出现在我们面前！而且在那里能看到芭东海滩的全景……凉爽的风，温暖的阳光，撩动鼻腔的大海味道，没有比这更畅快的了。我们一边连连赞叹，一边不停地拍照。

“现在好像随便被扔在泰国，我们也能找到路了。”

“嗯 ~ 不管在哪个地区。”

观赏完芭东海滩的迷人风景，再走出酒店查看了一下周围的环境。值得庆幸的是，这周围的商业圈很发达，非常适合到处逛逛。卖面包夹冰激凌的路边摊，老旧的公用电话，东缠西绕犹如五线谱一样的电线，独特的招牌，一想到这是泰国假期的最后一站，就无法轻易忽视这些

看似平常的景物，拿起相机统统都记录了下来。

就这样边拍边走了没多久，江西冷和罗宾森就出现在我们眼前，两者都是规模较大的购物中心。因为是位于海边的百货商店，所以大部分卖场都卖海洋运动用品。在韩国常见的 Billabong 或 Volcom 等体育用品品牌的冲浪服、连体衣、泳装一应俱全，如果旅行中丢失了其中一件或者根本就没有准备的话，都可以来这里很方便地买到。

“哇哦 ~ 我们要买泳装和冲浪板吗？”

“忍住吧，家里的滑雪板都没地方放了。”

对于我和乔这样的冲浪爱好者来说，冲浪板真的是不能割舍的东西。

“啊！是家乐福！”

“欧耶 ~”

正在我们纠结着要不要买冲浪板的时候，突然发现了超市！乔和我不只是冲浪爱好者，也是国外超市、市场的超级爱好者。超市和市场的细微乐趣值得回味无数次。我逛超市的第一个重点是，找找有没

有韩国没有的东西，比如清迈的炸鸡头、芭提雅的炸虫子。第二，关注韩国也有的商品在泰国的不同包装设计。韩国巧克力棒的设计在这里也是一样的，但是强生的包装设计就不同了。我喜欢享受寻找相同商品不同设计的乐趣，就像寻找隐藏的图画一样。第三，随意发掘的包装设计。很多泰国的商品设计出乎意料地比韩国的更潮、更可爱，所以可以大饱眼福。最后一点就是能解决送给朋友们的礼物。泰国的热带干果质量好又美味，包装也很好，很适合送给女性朋友。

“哈哈哈，看鱼糕，有小熊模样，还有星星模样的。”

我要是家庭主妇的话，会立刻把这些可爱的鱼糕买回家。

“你看这些兔子面包 ~ 只有眼睛是用红色装饰 ~ 真可爱。”

这兔子面包也让我们明白了“细节造就经典”这个道理，真是目不暇接。买了乔喜欢的胜狮啤酒、咸咸的饼干和入口即化又甜甜的糖果饼干，以及我喜欢的芒果、山竹、牛奶、果汁和玩具，我们俩哼着小曲向外走去。

江西冷 JUNGCEYLON

是普吉岛规模最大的购物中心，由 Silang boulevard、The port、Sino Phuket、Phuket square 构成。Silang boulevard 里设有餐厅和服装店。The port 设在室外，有很多地域小吃，还有很多和海洋运动相关的泳装和装备，在韩国买不到的东西都可以来这里看看。Sino Phuket 里设有各种酒吧、餐馆和咖啡厅。Phuket square 里设有电影院、家乐福、罗宾森百货店，所以很适合购物。

地址： 181-U-Thit 200PeeRd., Tambol Patong，Amphur Kratu
电话号码： 076-600-111 | **营业时间：** 11:00 AM~10:00 PM

“乔，我肚子饿了。”

“什么？又饿了？”

到处逛，到处拍，到处买，消耗了很多体力，但乔还没饿。记得早餐我明明也比她吃得多啊，而且乔的个子比我高很多，为什么我会先饿呢？为什么我总是饿？这真是个永远解不开的谜。

“乔！ MK 火锅！”

“呼……火锅总是让人充满了食欲。”

明后天我们就要离开泰国了，“离开前一定要吃的食物 TOP3”分别是：冬阴功汤、热带水果和火锅。我们俩认真地讨论着要吃哪一种火锅，是吃牛肉火锅呢，还是海鲜火锅？虽然在曼谷吃自助火锅吃到很撑，但对这种食物还是没有厌倦。

我们有滋有味地快速解决了一顿火锅。不知不觉太阳徐徐下山了，我们的体力也渐渐降到了最低值。在染红的晚霞背景下，我们拿着篮子一步步向酒店走去。

“乔，天空真漂亮。真像激情海滩鸡尾酒。啊 ~ 鸡尾酒？我们不是有试喝券嘛！”

“呵呵呵，没错，快去吧。”

看着这么美丽的夕阳，我居然还能想到吃。我们拿着登记入住时赠送的免费饮料券，迈着轻快的脚步向一楼的酒吧走去。在那里点了两杯鸡尾酒，边喝边聊天。聊我们是怎么认识并来到这里的，聊我们变成老奶奶以后，看着这些游记会浮现出怎样的微笑。

就这样畅聊着未知的未来，许下以后再在这里见面的愿望，结束了这一天。

MK Gold Suki

是泰国最棒的火锅特许经营餐厅，和 Coca 火锅齐名，在泰国全境都能找到。

电话号码： 076-600-165 | **营业时间：** 10:00 AM ~ 10:00 PM
官方网站： **www.mkrestaurant.com** | **预算：** 200 泰铢起（格根据所选的食材而有所不同）

2 Episode

美丽的皮皮岛一日游!

·舟舟的故事·

Let's go to Phuket

“这是我见过最美丽的岛。什么时候我们俩去看看也不错。”

某人曾经对我这样说过。那里真的有那么漂亮、神奇吗？美到可以加入到把妹的句子里？虽然没能和那个男人有个大团圆的结局，但从那时候开始，我就决心一定要到那个岛上去看一看。

皮皮岛从 1983 年就被指定为泰国国立公园，景色非常美，是世界十大岛之一，可以算得上世界上最美丽的岛了。为了确认那里究竟有多美，我向乔提议去皮皮岛，然后我们申请了皮皮岛一日游。

我们早早地坐上了来接我们的客车。车上已经有很多乘客了，美国老夫妇、西班牙情侣、欧洲背包客、中国游客等来自世界各国的游客。大家彼此聊着自己来自哪里，去过哪些城市，不一会就到达了码头。我们要乘坐的是众多大船中的一艘白色小型快艇。也不知道到底快到什么程度，导游吩咐我们吃了晕车药。之后，我们就开心地登上了快艇。

“隆隆 ~”刚意识到船在启动，还没等我们回过神来，船就像导弹一样飞了出去，向着海上的某处驶去。

"隆隆隆隆~！"

真是名符其实的快艇。但不管它有多快，还是难以抵挡茫茫大海上高高的浪涛。每当涌起大的波浪，我们的船也跟着高低起伏。这又不是什么月尾岛月尾乐园里的迪斯科转盘，我正想着"有点恶心"的时候，我前面的一名强壮的西班牙男人脸色苍白地对着驾驶员喊！

"Hey，Plastic bag please。"

刚刚还不愿意吃晕车药的他现在对着驾驶员递来的黑色塑料袋狂吐不止，用刺着华丽纹身、充满肌肉的手臂紧紧握着塑料袋……呕~不管去什么地方，最好还是听导游的话吧。

船在大海中间停下，这里的天空湛蓝，翡翠色的大海和卷起的波涛交相辉映，真的美丽至极。还有相间分布的碧绿小岛，估计不论哪个时期的画家，都调不出这么卓越的碧绿配色。导游把潜水装备分发给我们，对使用方法作了简短的说明后，给了我们一小时的自由活动时间。幸亏我们以前用过这种潜水装备，因为导游的说明真的太短了。不管怎样，在热带鱼驰骋的平静大海里，我们只戴着脚蹼和潜水面罩潜入了海中。

"啊噗~"

潜水的时候要憋气，否则水会从用嘴巴呼吸的那根管子里进来，我忘了这点，用力吸了口气，海水"哗"地一下吸了进来。

海水好咸，我一下子回过神来。

在水下，碧绿的海水和各色各样的热带鱼在欢迎我们。

大概是因为戴了脚蹼，所以每蹬一下就游出好远，非常有趣。正当我渐渐熟悉潜水的时候，导游回到船上，告诉大家自由活动时间结束了。虽说是一日游，但其实时间很短，连半日游都算不上，所以没能玩浮潜和海底漫步，但用这样简单的装备也能尽情地享受大海了。一小时的水中嬉戏结束后，我们再次上船。行驶 15 分钟后，到达了一个幽静的沙滩，那里的自助式餐厅在等待着我们。冬阴功汤、披萨、意大利面、菠萝炒饭、热带水果以及各种饮料，看着眼前的山珍海味，我和舟舟忘了我们还穿着比基尼，大口大口地吃了起来。

“啊 ~ 肚子好饱。”

“吃饱了就想睡觉。我们要不要去日光浴床上晒着日光浴，顺便睡个午觉？”

在徐徐的海风中晒着日光浴，我终于理解了为什么大家都喜欢皮皮岛。即使不是和帅气的男人一起浪漫地在海边漫步，但看着远处翻涌的波涛也能舒适地享受惬意。

“总有一天我会和我的他一起再来这里的。嗯 ~ ！一定。”

3 Episode

依依不舍的旅行最后一天

· 乔的故事 ·

Let's go to Phuket

早晨虽然和往常一样睁开眼，但今天的心情格外奇妙。

已经是泰国旅行的最后一天了……在泰国的时间似乎过得非常快，但又好像经历了很多事情。因为是坐凌晨的飞机回去，所以时间还算有一天，但想到今天是最后一晚，感觉总有点不同。

“舟舟啊。今天做什么呢？今天是最后一天了。”

“啊……这一天终于来了啊。”

我们俩都不想承认这个事实，但还是下决心充实地度过这一天。

“去普吉岛市内逛逛吗？从皮皮岛回来后，我们好像一直在酒店附近逛呢。”

“但把普吉岛市内都逛遍的话，会觉得很可惜的。留到下次再看吧。”

“下次还想来？呵呵～那我们去游泳吧！”

在海边游泳和晒日光浴，真的让因工作的压力和父母的催婚而下降的元气恢复了不少。即使没有景色辽阔的茫茫大海，蓝天和能望到海边的游泳场也是泰国旅游的一大乐趣了。今天我们也和以前一样，为穿哪种泳装而苦恼。看来要赶紧准备一个专门放泳衣的柜子了。每年不断增加的泳衣和其他用品，好像孩子们搜集的纸卡片似的。为了装饰在泰国的最后一次游泳，我们用所有泳衣中最漂亮的一件武装好自己，然后向酒店泳池走去。

我们挑了一处清静的好位置，然后在晒床上坐下，放下了行李，才“扑通”一声跳进了水里。我们也不知道在高兴些什么，“哈哈哈”地笑着、闹着，游了一会儿又开始拍照。这时一个人向我们走来……白皙的皮肤和胸口黝黑的胸毛，是个让人联想到黑熊的男人。

“Hi~”他笑着走近我们，我有英语恐惧症，所以不由自主地避开了他的视线。大方的舟舟小姐也笑着对他说了声“Hi~”。那个男人说自己是来自伊朗的建筑家，他大概很喜欢舟舟，所以一直不停地讲话。到底在讲什么呢……

他说我们拍照、嬉戏的样子看上去很好玩，所以自己也想一起拍。接着他向我们要了照相机……

“那……那个，这是胶卷相机，不能这么随便乱拍。”

我的心里虽然想这样大喊，但以我的英语水平完全没有办法完整地表达。想想还是觉得让那个伊朗男人拍到不想拍为止比较好，于是大方地笑着，让他给我们拍照。果然，他好像也想在我们面前好好表现，认真地喊着“一、二、三”，为我们拍了照。过了 30 分钟，大概是拍累了，他终于说自己还有事就离开了。

度过了半天时光后，我们回到房间开始一件一件打包行李。将每到一个地方购买的纪念品和我们的拍立得照片整整齐齐地放进包里，收拾完一看，发现行李比来的时候多出好多。来的时候就已经快撑满

TIP

水下照相机 _ 有种夏天能带到水边的可重复使用照相机，价格也不是很贵，在 5000 到 2 万韩元之间，还有带闪光灯的，购买的时候可以确认一下。遇上‘芭提雅海滩泡沫派对’或‘夜间酒店游泳池’这种需要晚上拍照的情况，带闪关灯的这种相机也能使用。即使不是在水中，只在一般情况下拍摄，也能拍出很好的效果，所以是强烈推荐的旅行用品。在网上搜索‘水下照相机’就能很容易地买到。

THE ROYAL PARADISE HOTEL

了呢……我们的回忆也像这样增加了不少吧。我们对这次旅行非常不舍，也对下次泰国旅行充满期待。

行李差不多收拾完后，我们决定去一个值得记住的餐厅吃饭。

我们打了电话给位于海边的Sala Bua餐厅预约，高档餐厅就是不一样，服务员说会来酒店接我们！

我们坐着来接送的车辆到达了餐厅。因为是晚霞时分，所以橘红的云霞开始铺满天空，咸咸的海水味充满了鼻腔。光是这种气氛就足以让我们满足了。在这里能看着大海用餐，一定很受情侣们的欢迎。餐厅里到处都是情侣。

“舟舟~这次旅行怎么样？”

“什么怎么样？”

“我们在泰国过了一个月呢。”

“呵呵，我们不早就是泰国沉迷者了吗？这里真的是很好很好的国家！”

舟舟说得没错。即使不能用语言表达，我们也早就被泰国深深地吸引了。我们都知道，这次旅行不会是最后一次。舟舟是第四次，我是去年和舟舟来了一次以后，就陷入泰国的无限魅力中，于是今年再次来到了这里……其实去年舟舟提议来泰国的时候，我没有特别大的期待。但是每次来都能看见一些新的东西，制造美好的回忆，这就是泰国。

“不久以后再会吧。这次我们也很幸福。”

Sala Bua Restaurant

开设在 Impiana 酒店内的餐厅。是在悠闲的海边伴随着夕阳享用晚餐的好地方。食物味道也很好，是浪漫的美食餐厅，也是求婚的好地方，推荐恋人和新婚旅行者前来。

地址： 41 Taweewongse Rd., Patong Beach
电话号码： 076-340-138 | **预算：** 270 泰铢起
营业时间： 早上 6:30 AM~ / 中午 11:00 AM~ / 晚上 7:00 PM~10:30 PM

舟舟和乔推荐的店

→→ Phuket

★★★★ 4/5

1. koh phiphi tour

皮皮岛因莱昂纳多·迪卡普里奥主演的电影《海滩》而闻名。拥有透明的珊瑚色海水和美丽的景观，值得一去。在普吉岛利用旅行社的一日游项目就可以便宜、方便地游玩。价格包括饮料、零食和午饭在内，大约是 1500~2500 泰铢，坐船的时候为预防晕船需事先准备晕车药（有些旅行社会免费发放晕车药）。

★★★ 3/5

2. SouthWind Books

在韩国不太常见的英文二手书店在泰国却很多。其中就有一家名为"South Wind"，囊括了美国、日本、瑞士、法国等世界各国的二手书籍。如果对这方面感兴趣的话，可以到这家书店去掏一淘。

地址 1-3-5 Phang-Nga Rd., A.Muang

电话号码 089-724-2136

营业时间 周一至周六 9:00 AM~6:00 PM / 周日 10:00 AM~3:00 PM

★★★★ 4/5

3.THE ROYAL PARADISE HOTEL

芭东海滩上最高的建筑。是名符其实的4星级酒店，服务很好，酒店内部各处埋藏着古老的历史。淡季的时候会进行促销活动，客房价格很便宜。越往高处越能欣赏到美丽的海景，登记入住的时候请选择高层房间吧。

地址 135/23 Rat-U-Thit 200 Years Road,Patong,Kathu

电话号码 076-340-666

预算 通过旅行社预订的话 1700 泰铢

★★★★ 4/5

4.HOG'S BRESTH CAFÉ

在海边待久了，如果吃腻了海鲜料理和泰国料理，那么可以来品尝一下这家牛排。在这家以粉色小猪为吉祥物的餐厅里，可以品尝到正宗的美式牛排。优质牛肉和满满的量将会超出你的期待。厚厚的牛排一口咬下去溢出来的肉汁非常美妙。

地址 177 Rat Ut Thit 200 Pee Rd., Patong Beach,Kathu

电话号码 076-600-177

营业时间 11:00 AM~11:00 PM

预算 牛排 600 泰铢

舟舟

BEST

舟舟

1名 **公主珠宝套装游戏**
在家乐福购入 60 泰铢

2名 **玩偶游戏玩具**
在家乐福购入 60 泰铢

舟舟和乔的购物项目
100泰铢=19元人民币

4名 **咸味怪物形状饼干**
在家乐福购入 5 泰铢

3名 **舟舟和乔最喜欢的肉桂卷**
在家乐福购入 6 泰铢

乔

乔

4 Episode

难忘的仲夏夜之梦！

·乔的故事·

Let's go to Korea

一切像梦一样，一下子就过去。睁开眼睛的时候，已经是旅行的最后一个早晨了。如果说在泰国度过的日子对我们来说，是梦一样的休息时间，那么回到韩国后，我们又要再次与现实碰撞，开始各自的工作与生活。从繁忙的生活中抽身出来，享受甜蜜的时间，正是旅行的美妙之处，但每次旅行的最后一天会让人的脚步也变得沉重。

泰国旅行赠予了我们自由和回忆，即使回到现实生活，似乎也能回味着这段时光坚持一段时间。我们转了世界的很多地方，但只有泰国让我们重新回来，因为价格低廉，也因为每个地域所呈现出的风情。在清迈可以体验泰国的传统面貌，在曼谷会因快速发展的泰国而惊讶，在苏梅岛和普吉岛可以享受天上人间般的悠闲。泰国不再是落后的国家，而是创造精彩的国家，是amazing Thailand~！清迈凉爽的雷阵雨，有生以来第一次学做的泰国料理，在派县见到的Gay和Lagoon Boy，炫丽的曼谷夜景，现在还想回去的火辣海滩泡沫派对，炎热的苏梅岛海边，人间乐园皮皮岛等等。留在记忆中的地方和幸福的回忆多到数不过来。

每个地方各种看的、玩的多到数不清，所以理所当然能看到三五成群的背包客从遥远的欧洲慕名而来。

成为泰国极力称赞者的我们，希望更多的人通过这次旅行从新的角度了解、认识泰国，于是把我们的故事讲给大家听。不是新婚旅行、背囊旅行、高尔夫旅行，而是挑战和冒险，是在各个地方的寻宝之旅。也希望读这本书的读者们能找到我们遗漏的珍珠。

舟舟和我并不觉得这是我们的最后一次泰国旅行。我们会再来的，泰国，再见！

Special Thanks to ...

舟舟 & 乔感谢的人们

不知道该用何种修饰语了。上海亨柱、幸、幸石、桃子、饼、爱拉姐姐、保罗妈妈，爱你，金亨柱。
Urbantainer 代表理事巴巴志元哥哥、麻麻莲珍姐姐、义真队、振英，还有 Urban 的家人们。
上辈子是白衣天使南丁格尔的莎江姐姐、sisita 道怡姐姐、早晨的莲西姐姐、心灵美的心姐姐、泰桓哥哥、可爱的诗姐姐、治浩哥哥、万事通斗秀哥哥、清潭洞 pimp 修哥哥、万年 set 珠恩姐姐。Rondon 的李友珍、小学生肖志源、想见的高泰利
Voozfirm 边泰植代表、Vooz 金部京代表
最辛苦的沈未晶课长和姜贤美代理、张宝拉以及 Vooz 的家人们
在泰国遇到的所有人……

乔感谢的人们

总是给予我坚强后盾的我亲爱的家人。
像男朋友一样每天和我打电话的我们队长（爸爸），
非常非常喜欢登山和工作的妈妈，
小小年纪就念大学课程的让人自豪的弟弟允晶，
爷爷、奶奶、外婆和亲戚们。
灵魂伴侣金林，我的爱 LA 胜熙，可靠的恩静 man，总是感激的启政、慧珍、秀姬、恩宇妈妈、秀姬等许许多多无法写下名字的汉阳艺高美术科的朋友们，桂元艺大的年长和同期生们、光弘和朋友们、Amberin 的家人们、巴统粉色民植前辈、Evan、像亲妹妹一样的静华、秀妍、国志、英雅、Grace 静恩姐姐、世源姐姐、Fluxus 世兰姐姐、DMC 惠美、想念的 FN5 三人帮善宇、雷奥、柳儿、有了女朋友就不怎么联系的振江、润抽、徐来村除尚均哥哥以外 Quando Family 清潭洞 Fabien.H 家人们、芝加哥振宇，在纽约帮助我们的宥利、昌焕室长，另外还有所有与我有缘分的人，谢谢。

最后还有像男朋友一样陪我度过 20 多岁尾巴的舟舟！
30 岁以后也开心帅气地生活吧！
即使成为了老奶奶，也让我们一起翻开这本书咀嚼回忆吧！

★ 舟舟感谢的人们

我会孝顺你们的，再等一等吧，刘理事和金女士，
还有兄弟刘志志，请快点结婚吧，
你无论何时都是最棒的，用手摸我油腻头发的人只有你，最好的朋友京华。
总是很感谢你们，我会加油的，绝对不会放弃工作，请不用担心，Ssamzie 千浩均代表、郑金子监事，
总是毫不怀疑地相信我，谢谢，吴代表。
非常想念你们，建大工艺 F4= 恩静 + 有贞 + 善英 + 智仁 =Fuck4. Marshmallow 的熙珍姐姐，该死的，都写书了，为什么先去啊。抱歉，没有经常联系，大峙洞的朋友们。脑子有点乱，需要时间。虽然时间有点长，但一直在想着你们。是真心的，啊……早知道这样的话就早点维护一下人际关系了……一直不出现，对不起！治好精神障碍的话就去。辰桥爸爸以外的高手们。除此之外还有我的男人们（别做梦了，H。去英国也绝对不会见你的，A。谢谢你暗恋我 10 多年，M，我们 80 岁的时候见面吧。对不起，C，我们本来挺合适的……啧。K 和另一个 K，另外还有不提起的名字，对不起，超容量了），我的记忆力总是零，对不起，另外没有提到的朋友和长辈们。

最后，乔！
别忘记我们的约定，老了以后去在清迈打高尔夫球。

还有舟舟，你只要治好病态的懒惰和偶尔的焦虑症，就能拥有更大的宇宙。
通过精神修养和药物成为更帅气的朝鲜新女性吧。

We ♥ Thailand